中华先烈人物故事汇

周子昆

军事科学院解放军党史军史研究中心

学习出版社

中华先烈人物故事汇《周子昆》编委会

目 录

Contents

引　子

在中华先烈人物的英雄史册中，在中国革命的历史长河中，有许许多多的英雄儿女，他们为中华民族的独立、自由、解放，为中国革命事业的胜利，不惜抛头颅、洒热血，谱写了许许多多英雄篇章。他们的英名将永远镌刻在人们心中。周子昆便是这些英雄儿女中的一位。

周子昆是中国工农红军和新四军高级指挥员。1901 年出生于广西桂林。1916 年，他怀揣“实业救国”的理想，考入桂林广西省立第一甲种工业学校，在校读书期间积极参加了五四运动。毕业后，他毅然放弃“实业救国”的想法，决定拿起枪杆子打天下，在 1920 年的春天来到桂系军阀刘震寰部找出路。

1925 年 6 月，在第一次国共合作初期，周子昆被选入中国共产党直接领导下的第一支革命武装——“建国陆海军大元帅府铁甲车队”任班长，同年10月加入中国共产党。11月，“建国陆海军大元帅府铁甲车队”改编为叶挺独立团，周子昆任2营4连排长。1926年随军北伐，先后参加了攻打攸县、醴陵、汀泗桥、贺胜桥和攻克武昌等战役，因作战勇敢，屡立战功，逐步晋升为连长、营长、军官教导大队大队长，是我党我军先驱的代表人物之一。

1927年8月，周子昆随部参加南昌起义。在起义军南下广东失败后，跟随朱德、陈毅等转战闽赣粤湘边界。1928年年初，在朱德、陈毅的领导下参加了湘南暴动，并于当年4月随部队到达井冈山，与毛泽东领导的秋收起义部队会师。后历任红四军教导队副队长，红六军第二支队支队长，红三军参谋长、军长，红五军团参谋长，江西军区参谋长，福建军区司令员兼红34师师长，红军独立第22师师长等职务，参加了中央苏区历次反“围剿”等重要战役。

1934年10月，中央苏区第五次反“围剿”失败后，中央红军被迫进行战略转移。长征途中，周子昆奉命率领所属部队多次担负后卫任务，打退敌人追击。在中央红军与红四方面军会师后，他随左路军行动，后任红四方面军红军大学上级指挥科科长、红军总司令部第一局局长，在朱德、刘伯承的领导下，他与张国焘分裂党中央和红军的行径进行了坚决斗争。红军三大主力胜利会师到达陕北后，周子昆到中国人民抗日军政大学高级指挥科学习并兼任学员队长，后又被任命为抗日军政大学训练部部长。

全民族抗日战争爆发后，根据中共中央的指示，周子昆受命参加新四军的组建工作并任新四军副参谋长，和新四军的其他首长一起率部转战大江南北，参与指挥了新四军许多重要战役战斗，为新四军和华中抗日根据地的创建和发展作出重要贡献。1941年3月14日，周子昆在皖南事变中被叛徒杀害，年仅39岁。

01 勇当北伐先锋

从铁甲车队到叶挺独立团

周子昆，原名周维宽，字仲和。1901 年出生于广西桂林一个知识分子家庭。父亲周福禄饱读诗书，为人谦和，是当地很有名气的教书先生。母亲陈氏家境也较好，为人贤惠勤勉。周子昆兄妹四人，他排行老大，下有两个弟弟、一个妹妹。周子昆在父母的教诲下，自幼读书，勤奋刻苦，成绩优秀。在他 15 岁时，父亲因病不幸去世。由此，家中生活开始变得艰难，全靠母亲为人帮佣洗衣做饭勉强维持生计。作为长子，他看到母亲每天这样辛苦劳累，曾一度辍学到一家饭铺打工，干一些买菜送菜、售卖大饼油条等零活，挣几个小钱，贴补家用。后来在外祖母家资助下，他怀揣“实业救国”的理想，考入桂林广西省立第一甲种工业学校学习。

1919年5月，北京爆发了五四运动，这给年轻的周子昆带来了深刻的影响。加之他在这一年的秋天毕业后，却找不到一份合适的工作，面对黑暗的社会和贫困的家庭，心中倍感苦闷。后来他在自传中写道:“看到日渐老去的母亲和贫困的家庭，心中极度苦闷，有时烦躁起来就大吼几声，恨不能把这个黑暗的社会烧个精光，以发泄心中的不满……”

1920年春，当时归属孙中山领导的桂系军阀刘震寰部到桂林招兵，周子昆毅然放弃了“实业救国”的理想，决定拿起枪杆子打天下，应召入伍，来到刘部当了一名号兵。他每天勤学苦练，很快就背熟了几十支号谱，练出了丹田之气，吹出的号音明亮悠长。有一天，刘震寰听到这与众不同的号音后很欣赏，便传见了周子昆，看到周子昆身材修长、气宇轩昂、谈吐不凡，还有文化，当即提拔他为司号长。由于周子昆有文化、能吃苦，除了吹号好，还练就了一身擒拿格斗的硬功夫，在日常生活中乐于助人，经常为一些不识字的士兵写家信、读报纸，宣传五四以来的新文化运动等，受到身边士兵们的欢迎，群众威信高，很快又由司号长升任为特务长，成为刘震寰身边一名文武兼备的下级军官。但是，当他看到军阀内部的一些贪污腐败现象后，心中依然充满苦闷，感到迷茫。

1924 年 5 月，在第一次国共合作初期，孙中山在中共广东区委领导人周恩来、陈延年的建议下，决定组建“建国陆海军大元帅府铁甲车队”（简称“铁甲车队”），主要任务是护卫大元帅府安全。周恩来亲自选调一批共产党人加入这支部队担任主要领导。其中，黄埔军校军事教官徐成章任铁甲车队队长；中共广东区委选派的廖乾吾任铁甲车队的党代表；黄埔军校早期毕业生周士第任副队长；赵自选、卢德铭、曹汝谦等任教官。因此，铁甲车队也是中国共产党直接掌握的第一支革命武装。

铁甲车队编制为 136 人，队员大多是中共广东区委从当时归属孙中山领导的南方革命政府军队中选拔出来的。1925 年 6 月，周子昆也被选调到铁甲车队担任班长。一天晚饭后，副队长周士弟通知他去领伙食尾子，这时他看到铁甲车队饭堂的墙上贴了一张账目清单，各项开支多少、节余多少，一笔一笔清清楚楚。周子昆站在那里看了很久，看到共产党领导的军队一尘不染，和旧军队贪污腐化根本不同，心中非常感动。他把领到的 3 枚铜板攥在手心，找了块洁净的白布，包得严严实实，放在自己的枕头底下。

周恩来、陈延年、彭湃等著名共产党人，非常重视铁甲车队的政治教育工作，曾先后到铁甲车队讲课或作报告，给大家上政治课，讲解国内外革命斗争形势、中国工人运动和农民运动等，进行打倒帝国主义和军阀列强的革命教育。1925 年 10 月，周子昆经廖乾吾和卢德铭介绍加入了中国共产党。

这时的铁甲车队，除了执行保卫以孙中山为首的广东革命政府的任务外，还参加了支援广东农民运动、平定广东军阀陈炯明叛乱作战、支援省港工人大罢工等重大活动。1925 年 11 月初的一天，副队长周士第得到当地工会的报告：陈炯明叛军残部流窜到大鹏湾一带，抓走了十几名正在沙鱼涌王母圩值勤的工人纠察队员，请铁甲车队前往救援。周士弟立即率周子昆所在排等 50 多人前往沙鱼涌，在一个山头驻扎支援，叛军得知铁甲车队到来的情报后，便包围了铁甲车队的驻地。11 月 4 日凌晨 3 时，周子昆在哨位时，发现有一股叛军趁着夜幕已经摸到哨位附近，便立即进行阻击，打破了叛军偷袭的行动，并为铁甲车队随后参战赢得了宝贵的时间。天亮后，两艘英军小兵舰拖着 4 只民船，满载叛军驶来，登陆后立即联合向铁甲车队发起进攻。随后英军又增派一艘大军舰直接参战，炮轰铁甲车队阵地，还出动了一架飞机，在阵地上空盘旋，掩护叛军进攻。由于敌众我寡，铁甲车队在这次激烈的战斗中伤亡惨重，共有 15 人阵亡，13 人受伤，另有若干人被俘。在击退叛军的多次进攻后，有 15 名官兵和 2 名工人纠察队队员成功突围。

沙鱼涌一仗，铁甲车队的英勇顽强，使广东

军政界对其刮目相看。11月中旬，广东国民革命军进行整编。经周恩来、陈延年等中共广东区委领导人争取，国民革命军第4军军长李济深同意将铁甲车队扩编为国民革命军第4军12师34团，由共产党员叶挺担任团长。为加强这支由共产党直接领导的革命武装，周恩来又从黄埔军校调来共产党员曹渊任第1营营长、许继慎任第2营营长、毕士悌任第3营营长等。卢德铭任第2营4连连长，周子昆编在第2营4连，由班长升为排长。

此后，周子昆在和战士相处的过程中，发现排里有些战士在花名册上登记的是假名。他通过谈心了解到，这些士兵认为现在当兵就是为了混碗饭吃，真名假名也无所谓。为此，他及时向连长卢德铭汇报了这一情况。卢德铭通过调查后发现周子昆汇报的情况不是个别现象，便逐级反映到团里。团长叶挺得知后很重视，亲自在全团军人大会上进行革命人生观的教育。他说："过去到旧军队当兵，认为是混口饭吃，很丢脸，为谋生爱面子迫不得已才用了假姓名、假籍贯。如今，当兵参军是革命，是为了打倒军阀列强，这是光明正大的事情，更是光荣的事情，不应再用假姓名、假籍贯。现在当革命军，万一为革命牺牲了，家属还可以领到革命政府发放的抚恤金。有些人过去不了解这个道理，用假姓名、假籍贯，是不奇怪的，可以原谅，不加追查，但现在要尽快改正过来……”通过这次革命人生观的教育，独立团的官兵懂得了新旧军队的区别，原先报假姓名、假籍贯的战士都主动改正过来。

1926 年元旦，第 34 团改编为第 4 军独立团，仍由叶挺任团长，因此又称“叶挺独立团”。同年 5 月，国共两党合作开始了轰轰烈烈的第一次大革命，为反对帝国主义侵略，推翻北洋军阀的反动统治，广州国民政府开始进行北伐战争。5 月 1 日，叶挺独立团担任北伐先遣队，从广东肇庆、新会出发，拉开了北伐战争的序幕。

部队途经广州时，周恩来在司后街（今越华路）叶家祠堂叶挺的家里，对独立团排以上党员干部传达党对北伐战争的指示，对独立团的党员干部提出六点要求：一是加强党支部的领导，加强政治工作；二是注意发动群众，组织群众；三是注意统一战线工作，很好地与友军团结；四是勇敢作战，有牺牲精神，能吃苦耐劳；五是共产党员要起先锋作用、模范作用、骨干作用；六是现在有些军队不愿派自己的部队先打出去，他们还在观望，只要独立团打了胜仗，他们就会跟上来的。

周子昆坐在会场上，掏出记事本认真记录周恩来的指示，不仅当作自身行动的准则，也把相关的内容作为政治教育的内容。他在北进的列车上向排里的战士传达了周恩来的六点指示。北伐开始后，为鼓舞士气、动员群众，北伐军指挥部要求统一组织学唱《国民革命歌》。由于会唱歌的人很少，周子昆就亲自教唱：

打倒列强，打倒列强！

除军阀！除军阀！

努力国民革命，努力国民革命！

齐奋斗，齐奋斗！

打倒列强，打倒列强！

除军阀，除军阀！

国民革命成功，国民革命成功！

齐欢唱，齐欢唱！

周子昆在组织战士们学唱《国民革命歌》时，还根据他人的建议，在后面又加了这样一段歌词，并将其作为政治教育的重要内容来学习领会：

工农学兵，工农学兵，

大联合！大联合！

打倒帝国主义，打倒帝国主义，

齐战斗，齐战斗！

在攻打攸县、醴陵的作战中

1926 年 5 月下旬，叶挺独立团从广州乘火车到韶关，然后步行到乐昌。从乐昌向湖南进发，要翻越广东与湖南交界处九峰山，这是从广东到湖南必经的最高的山路。当日，骄阳似火、酷热难耐，部队背着武器弹药和行装，一路汗流浃背，呼吸都感到困难，有的人因此产生了畏难怕苦的情绪。周子昆走在全排的前面，帮助体弱的战士扛枪、背背包，并激励战士们说："我们是革命军人，是英雄好汉，一定要克服困难，不怕疲劳，坚持爬过山就是胜利！"团长叶挺知道这件事后，以周子昆为例，在全团开展了团结互助、战胜困难的讨论。在这种团结互助精神的鼓励下，全团战士情绪高涨，没有一个掉队的，于5月31日黄昏前抵达湖南永兴。

6月1日晚，叶挺接到国民革命军第8军军长兼北伐前敌总指挥唐生智的告急电报："军阀军队近日必行总攻安仁，我军守备力量单薄，贵团务必速援。"叶挺接到此电后，不顾疲劳，稍事休息后，即率全团冒雨强行军，于2日上午赶到安仁县城。

此时，直系军阀吴佩孚所属的叶开鑫部6个团已占攸县，其中1000余人进到渌田以北的陈家铺，团长叶挺当即决定：周子昆所在的第2营进抵渌田第一线阵地，协同友邻第8军的1个营担任正面防御；以第2、第3营守龙家湾、黄茅铺一线进行侧面防御。明确任务后，各部迅速进入阵地。此时，叶开鑫部2000余人已向渌田的阵地发起猛攻。周子昆所在的2营立即投入战斗。当晚，军阀部队愈攻愈烈，友邻第8军所属的那个营全线溃退。如此一来，军阀部队从侧翼直接威胁叶挺独立团第2营。在战况危急时，周子昆奉命率领全排坚守龙家湾路边的一处高地，机智勇敢地打退了军阀部队的多次冲锋，顽强坚守阵地两天两夜，战后受到了全团的通报嘉奖。

6月4日清晨，叶挺指挥第1营1连、2连和团直属机关枪连、特务连增援第3营，从右翼攻击；团参谋长周士弟率第1营3连和团侦探队增援第2营，从左翼进攻，由黄茅铺、渌田之间向敌人的结合部攻击，军阀部队全线溃退。

在追击作战中，周子昆所在的第4连追在最前面。在连长卢德铭指挥下，部队紧追不舍，直逼攸县城下，一鼓作气占领了攸县。

7月初，敌军为阻击北伐军北进，在泗汾桥、龙山铺、五里堆一线，构筑层层工事，进行步步防守。按照第4军的作战计划，叶挺独立团作为左翼佯攻部队先遣出发，先后攻占泗汾桥、龙山铺、五里堆一线阵地，7月10日下午直逼醴陵县城外围，按照预定作战计划完成了对醴陵的佯攻任务。

这时，叶挺来到2营所在的五里堆东端高地，通过望远镜向醴陵城望去时，发现城内外的敌人乱成一团，便决定抓住战机，趁敌混乱之际发起攻击。于是，叶挺指挥周子昆所在的2营会同已经到达五里堆的第1连、第8连、担架队、特务连等，集中兵力，向醴陵县城发起进攻。敌人见攻势很猛，招架不住，纷纷四散逃窜，独立团于下午4时半占领醴陵城。在叶挺独立团攻占醴陵城一个小时后，师长张发奎才率主攻右翼部队到达醴陵城。他赞许地对叶挺说："你们团运用灵活的战术，把佯攻变为主攻，率先进入醴陵城，战绩可嘉。"

血战汀泗、贺胜两桥立战功

北伐军向湖北发动进攻，首先要攻破鄂南重要门户汀泗桥。汀泗桥是武汉南大门，也是粤汉铁路的一个军事要隘。它三面环水，唯有东面有一条铁路可以进入汀泗桥，被称为天险，是兵家必争之地。

1926年8月25日晚，第4军决定26日进攻汀泗桥，命令第35团沿铁路两侧向汀泗桥正面进攻，第36团和第4军第10师从右翼包围攻击，叶挺独立团为预备队。26日10时30分，第35团将猪高山敌警戒部队逼退汀泗桥。敌人以火力封锁铁路桥，遂形成隔河对峙之势。下午，守敌千余人在炮火掩护下出击，开始向第4军军部进攻。这时，叶挺独立团奉命向进攻之敌展开反击，激战数小时，将敌击退，稳定了战线。

为寻求破敌之计，占领汀泗桥，打开北伐的

通道，叶挺找到当地村民，得知东面山上有条小路，可以绕到汀泗桥东北的古塘角。27日凌晨4时，独立团在当地村民的引导下，隐秘翻山直奔古塘角，向汀泗桥守敌的背后发起突袭。与此同时，第14师和第36团也向汀泗桥正面之敌发起攻击。一时间，汀泗桥四面八方都是枪声，敌人被打昏了头，不知道北伐军的主攻方向在哪里，大为恐慌，阵地接连被攻破，随即全线崩溃。天险汀泗桥于27日被北伐军占领，守敌向咸宁退却，独立团随即马不停蹄冒雨向咸宁追击前进。

追到咸宁城郊，路基被暴涨的洪水淹没，隔着洪水1公里之外，就是咸宁城。此时，周子昆排担任先头排，他们在营长许继慎的率领下走到前面观察情况，发现咸宁城南、城北各有一个高地，高地敌人不多且混乱慌张，显然是刚从汀泗桥撤下来的。许继慎决定乘敌人新败、士气低落之机发动猛攻，便命令周子昆先下河探查水深情况。周子昆下河探查后立即向营长报告：“现在河水虽然很浑，但水不深，可以涉水过河，沿着铁路冲过去。”

许继慎听后立即报告叶挺："咸宁敌人甚混乱，铁路线可以通过，请速令机枪连来掩护部队冲过去。"叶挺随后赶来举起望远镜观察一番，同意许继慎意见。随着营长一声令下，周子昆端起刺刀大吼一声带着先头排，迎着对岸敌军密集的炮火，不顾一切向前冲。一枚炮弹在他的身边爆炸，骤然涌动的巨浪把他掀倒在河水中，他翻身爬起来，继续往前冲。周子昆冲过铁桥，跃入敌军阵地时，随手抓起敌人丢弃的马克沁重机枪，掉转枪口向守敌猛扫。咸宁守敌全面崩溃，向贺胜桥方向逃跑。在这一仗中，一颗子弹划过周子昆左臂，血流不止，好在没有伤到骨头，他把身上的白衬衣脱下来，撕成布条，紧紧裹住伤口，继续参加攻打贺胜桥的血战。

叶挺进入咸宁守敌司令部时，电话铃正在响。他拿起听筒，原来是贺胜桥守敌打来的电话，说吴佩孚已率援兵到达贺胜桥，询问汀泗桥方面的情况怎样。叶挺机智地应答了几句，随即放下听筒，令进城的部队迅速撤出城外，将全团布置在咸宁东北的文笔山一带高地，准备迎击吴佩孚的援兵。

吴佩孚率部到达贺胜桥后，得知汀泗桥、咸宁已经失守，遂集中两万多兵力，配备 60 门火炮、100 余挺机关枪，凭险防守贺胜桥。贺胜桥是鄂东南的又一重要门户，地势险要，以梁子湖、黄塘湖作为东西两面依托，两湖之间丘陵起伏，茶树丛生，中间只有一条铁路可以通行。从贺胜桥再向北直到武昌，是百余里的丘陵平原，无坚可守。因此，吴佩孚很重视这道防线，构筑了坚固工事，配置了大量兵力和火器，以求凭最后这道防线保住武汉三镇。

北伐军以第 4 军和第 7 军担任攻击贺胜桥的任务，部署叶挺独立团由正面桃林铺附近沿铁路向贺胜桥攻击前进，第 35 团由左翼向贺胜桥攻击前进，第 7 军第二路由右翼向贺胜桥攻击前进，计划于 8 月 30 日 5 时开始攻击。

8 月 29 日黄昏，独立团在当地农民向导带领下，由驻地出发向贺胜桥开进。第 2 营营长许继慎根据团长叶挺的命令，带领部队到达贺胜桥以南约 5 公里桃林铺铁路东，守敌的第一道防御阵地前。这时，看到敌人的几辆装甲车也从远方沿着铁道正面开来，有人提出破坏铁路以阻击装甲车前进，但一时却找不到工具。正当大家着急之时，带路向导说：“把路边的稻草堆在铁路上点燃它就不敢来了。”于是，周子昆立即带领战士们动手，抱来路边的稻草堆在铁轨上并引火点燃，没想到这一招还真灵，敌人的装甲车看前面铁道线上燃起熊熊大火，闹不清是什么原因，果然停了下来，不敢继续向前开进了。

夜间，独立团悄无声息地接近敌人的防御阵地，隐蔽待机。次日凌晨4时，叶挺趁守敌疲惫昏睡之际发起冲锋，很快便突破敌桃林铺铁路第一道防线，随即向印斗山第二道防线攻击。独立团冲到印斗山下时，第7军左右两翼攻击部队仍远远落在后面，独立团孤军冒进，陷入敌人的三面包围之中，双方展开激战。叶挺看到友军一时还跟不上来，独立团如停留于此，势必被敌人分割吃掉，只有攻占敌印斗山主阵地，才能死里求生，改变全局。他立即调整部署，集中了两个营加一个连的兵力，准备一鼓作气冲击印斗山。

叶挺当时随第2营开进，他下令2营的号目（号长）：“吹全体冲锋号！”号目站直身刚把军号举到唇边就被一颗流弹击中打倒。周子昆见状扑过去，从号目手中接过沾满鲜血的军号，向前跃进，挺身站立在一棵树下，举起军号，昂首猛吹。在急促激越的冲锋号声中，独立团第1、第2营的官兵们向印斗山猛冲。周子昆也随着冲锋的队伍，一边前进，一边不停地吹冲锋号。就在接近敌人阵地时，有一个敌人向他举枪，他立即抽出驳壳枪把敌人击毙，随后又继续吹起冲锋号。印斗山守敌见阵地已被突破，有的举枪投降，有的顺着山北坡连滚带爬下来，向贺胜桥方向逃去。

从印斗山到贺胜桥两公里的路上，叶挺独立团一路尾追，冲锋在前，30日上午9时许率先逼近贺胜桥并发起猛攻。吴佩孚在此布有重兵，且有手持大刀和手枪的督战队把守路口，将后退者就地正法，开枪射杀了不少后退官兵。但兵败如山倒，在北伐军的勇猛进攻中，吴佩孚无法挽回溃败之势，自己也吓得钻进装甲车逃命去了。

30日上午12时，北伐军攻占了贺胜桥，打开了进入武汉的大门。在贺胜桥车站，独立团缴获了敌人没有开走的火车，上面满载大米、白面和枪支弹药及其他军用品等。独立团留少数人看管物资，部队马不停蹄地向敌人逃跑的方向猛追，直追到贺胜桥以北约30华里的涂家湾附近。

周子昆所在的独立团2营4连，在汀泗桥、贺胜桥等战斗中，作战英勇顽强，出色地完成了任务。连长卢德铭受到团嘉奖，周子昆排得到叶挺的表彰，叶挺还把一块手表作为奖品赠送给周子昆。这块手表也成为两人友谊的见证，在以后的日子里，一直伴随周子昆南征北战。

攻坚克敌的“铁军”营长

北伐军连续攻克汀泗桥、贺胜桥后，直系守军一路退至武昌城，并以刘玉春为守军司令，会同湖北督军陈嘉谟部等1.6万余人坚守武昌城，阻挡北伐军的前进。

1926年9月3日，国民革命军第4军开始了第一次攻打武昌城的作战，由于没有经验，缺乏登城作战的设备，致第一次攻城没能成功，并遭受很大伤亡。第4军部经过部署调整后，由叶挺独立团担任攻城先锋，负责攻打通湘门，其中第1营为奋勇队，第2营为后续队，对据守的军阀部队进行梯次冲击。

9月5日，北伐军再次攻城，独立团以第1营为奋勇队，猛攻宾阳门与通湘门之间城垣，第1营营长曹渊和第3连连长高超等70余名官兵组成的“敢死队”，从宾阳门与通湘门之间冲过护城壕，准备攀登上城墙，敌人从高处用机关枪、炸弹向登城的勇士开火阻拦，营长曹渊等70余名官兵壮烈牺牲，第二次登城计划又落空。这时，第2营4连连长卢德铭接任1营营长，周子昆接任4连连长。

面对在缺乏登城工具又没炮火掩护的情况下，担任后续跟进任务的许继慎和周子昆等人认为，要吸取第1营攻城失败的教训，对敌进攻作战既要强调勇，更要多用谋略。所以向团长叶挺建议在通湘门附近挖一条隐秘的坑道来破城。这一建议得到中共武汉党组织全力支援。听说北伐军要在通湘门挖坑道攻城，当地民众积极出工出力挖坑道，为攻城作准备。

经过 20 多天的连续施工作业，坑道已经隐秘地挖到了通湘门的城下。城内的军阀部队对此甚为恐慌，于 10 月 1 日组织 3000 余人的“敢死队”，冲出通湘门，在大炮、机枪的掩护下，向施工现场疯狂扑来。独立团在前沿的侦探队、通信队等奋起抗击，周子昆所在的第 2 营闻风而动，进行猛烈反击。在东南侧后的第 3 营和刚补充起来的第 1 营，也分别向出击之敌实施反击。经过 1 个多小时的激战，北伐军终将敌“敢死队”大部歼灭，并将丢失的阵地全部夺回。

这时，武昌城内军阀部队因被围困造成了粮荒，又因反扑受挫，内部发生动摇，其第 3 师师长吴俊卿接洽投诚，于 10 月 10 日打开通湘、保安、中和 3 个城门，接应北伐军第 4 军入城。叶挺独立团率先冲入城内，随后和第 11、第 12 团等部队迅速分路穿插进攻，多数残兵缴械招降，少数顽抗的军阀部队迅速被歼，武昌城获得解放。

叶挺独立团自成立以来，一路攻无不克，战无不胜，加之纪律严明，秋毫无犯，保护工农利益，赢得了人民群众的肯定和褒奖，称其“真是一支铁的军队！”部队进入武昌以后，“铁军”的美誉迅速传开，家喻户晓。1927 年 1 月，武汉的人民群众选取“铁军”二字，在汉阳兵工厂铸造一面“铁军”的铁盾，敲锣打鼓送给了第 4 军。举行献盾仪式时，叶挺独立团代表第 4 军接受了“铁军”盾牌。自此，叶挺独立团又被誉为“铁军”独立团。

1927 年 12 月，北伐军部队扩编，国民革命军第 4 军以独立团为基础，扩编为第 4 军第 25 师，朱晖日为师长，叶挺任副师长（不久调任第 24 师师长）。原叶挺独立团改为第 25 师 73 团，周士第任团长，许继慎任参谋长，周子昆任第 73 团 5 连连长；另以独立团调出的部分干部及在广东、湖南等地休养的伤病归队人员为骨干，组建第 74 团、第 75 团。

1927 年春，第一期北伐作战结束后，国民

鐵
軍

革命军第 4 军增设军官教导大队，周子昆被任命为教导大队大队长。周子昆精心组织，认真施教，坚持政治教育与军事教育相结合，军事理论与战斗实践相结合，使学员的思想认识、战术水平很快得到明显提高，为国民革命军第 4 军的第二期北伐培训了一大批优秀的基层军官。

1927 年 4 月 12 日，蒋介石在上海发动反革命政变并宣布成立南京国民政府，与武汉国民政府相抗衡。当时武汉国民政府正处于北方奉系军阀张作霖与蒋介石两股反革命势力的包围之中，奉系军阀已出兵河南向武汉进逼。为了摆脱困境，武汉国民政府决定继续北伐。19 日，北伐军在武汉东湖誓师，开始进行第二期北伐。

4 月下旬，周子昆奉命调回第 25 师 73 团 2 营任营长，随第 73 团作为第 25 师的先头部队，开赴河南驻马店，掩护北伐军集结。5 月 17 日，第 73 团奉命向驻守在上蔡的奉系军阀张作霖部第 12 旅发起进攻。拂晓，根据团首长的作战部署，第73团2营在营长周子昆的指挥下，率先向张庄、固村一带的敌炮兵阵地和指挥所发起攻击，指战员们个个奋勇冲锋，激战至8时，张庄、固村方向之敌全线崩溃。

随后，周子昆率第2营随团继续向北推进，在围攻上蔡城之敌富双英旅的作战中，第73团采取围点打援的战略，以一部兵力佯装围攻上蔡，吸敌增援。另以周子昆第2营为主力，伏击在上蔡南的十里铺，将增援的段国璋部击溃。富双英见援军已被击溃，自己灭亡难免，遂派人找北伐军部队接洽投降改编，上蔡城不攻而下。随后，周子昆所在的第25师73团完成北伐掩护任务，回师武汉。

02 参加武装起义

在南昌起义前后

1927 年 7 月 15 日，汪精卫在武汉召开的国民党中央执行会议上，正式作出发动“分共”和“清党”的决定。随后便和蒋介石一样，开始残酷屠杀共产党人和革命群众，在这极端危急的情况下，中共中央临时政治局常务委员会决定实行武装反抗，在南昌举行武装起义。

7 月下旬，中共中央临时政治局常委会决定，成立以周恩来为书记，由李立三、恽代英、彭湃组成的中共前敌委员会来领导南昌起义。参加起义的武装力量主要是国民革命军第二方面军所属第 20 军，第 11 军第 10 师、第 24 师和第 4 军

第25师大部。这时，周子昆所在的第4军25师主力部队还驻扎在江西九江的马回岭，因为师长李汉魂去了第二方面军总指挥张发奎那里，师里工作由政治部主任李硕勋负责。7月28日，周恩来委派前敌军委书记聂荣臻赶到马回岭第25师，向团以上军官传达了准备南昌起义的决定，并以演习为名率部向南昌开进，准备参加南昌起义。

8月1日凌晨2时，在中共前敌委员会书记周恩来和贺龙、叶挺、朱德、刘伯承等人的领导下，南昌起义打响了武装反抗国民党反动派的第一枪。起义部队2万余人经过4个多小时的激烈战斗，控制了南昌城，全歼守敌3000余人，南昌起义取得了胜利。

南昌起义的消息传到马回岭后，聂荣臻立即与第25师政治部主任李硕勋、第73团团长周士第等人，率第25师第73团全部、第74团的机枪连和第75团3个营，由马回岭急速向南昌开进参加起义。当参加起义的部队走到德安车站附近时，第二方面军总指挥张发奎却带着他的亲信第

25师师长李汉魂及卫队营也乘火车急匆匆赶来德安，企图阻止第25师参加起义。为此，聂荣臻和李硕勋命令第73团占领德安车站西北高地，准备迎击作战。团长周士第把攻占德安的任务交给了周子昆营。

周子昆接到命令后，立即带领全营率先占领德安车站西北高地，以猛烈的火力迎击张发奎卫队营，并在第3营的配合下，将卫队营威逼到一处洼地，迫使张发奎卫队大部投降，小部逃回。随后炸毁铁轨，将张发奎、李汉魂乘坐的火车阻隔在德安车站西北的高地下面。

张发奎和李汉魂本以为他们亲自出马，招安旧部会马到成功，没想到竟然遭到了如此猛烈攻击，特别是看到卫队营大部被围歼投降、铁轨被炸毁，知道大势不好，便和身边随从仓皇掉头，夺路而逃，二人瓦解南昌起义的图谋就此破产。为此，被人嘲讽为“发奎发愦，汉魂失魂”。

随后，第25师起义的主力部队按照原定计划继续向南昌进发，于8月2日凌晨到达南昌，与起义的其他部队会师。

南昌起义胜利后，根据国民党革命委员会的命令，起义军对所属部队进行整编为国民革命军第四集团军第二方面军：刘伯承为起义军参谋团参谋长，参谋团成员还有周恩来、贺龙、叶挺等；贺龙为第二方面军代理总指挥兼第 20 军军长，廖乾吾为第 20 军党代表；叶挺为第二方面军代理前敌总指挥兼第 11 军军长，聂荣臻为第 11 军党代表；朱德为第 9 军副军长（后为军长），朱克靖为第 9 军党代表。此次整编后，周子昆所在的原第 25 师归属第 11 军，周士第任第 25 师师长兼第 73 团团长，周子昆由第 73 团第 2 营营长改任第 1 营营长。

跟随朱德军长战斗到底

南昌起义胜利后，根据其以前确定的战略方针，开始由南昌向广州挺进，准备配合下一步的广州起义。起义军从 8 月 3 日起陆续离开南昌，周子昆所在的第25师于8月7日撤出南昌，担任南下起义军的后卫。

1927年8月下旬，蒋介石调集钱大钧部3个师共10个团的兵力3万余人进至会昌地区，黄绍竑部7个团约2万余人由南雄、大庾（今大余）向雩都（今于都）前进。中共前委决定，趁钱、黄两路兵力尚未集中，实施各个击破，起义军先集中兵力进攻会昌城的钱大钧部主力。经激战，起义军于30日攻克会昌城。

起义军取得会昌战斗胜利后继续向广东挺进，但在随后的南下途中，起义军不断遭到敌军的围堵，蒋介石从四面八方调集部队围追堵截，反共的地主武装也日夜骚扰。起义军走一路打一路，没有休息、没有补充、没有后方，苦不堪言。正值盛暑天气，既要行军，又要打仗，许多人累垮病倒，战死病死甚多，还有许多人“开了小差”。

9月19日，起义军主力到达广东省大埔县三河坝，面对敌军的重兵围堵，中共前委决定分兵行动：由周恩来、贺龙、叶挺、刘伯承率领起义军主力约6000人，从三河坝继续向潮州、汕头地区挺进；由朱德指挥第25师余部和第9军教导团约2000人留守三河坝担任后卫，掩护主力向潮汕地区前进。

随后，朱德率第25师和第9军教导团在三河坝布防，担任断后任务，防止敌军继续尾追。10月初，敌军钱大钧部再次来攻。起义军在三河坝附近的笔枝、尾山、下村一带节节抗击，以掩护主力进军潮汕。周子昆所在第73团与敌反复拼杀，伤亡过半，他在作战中左臂受伤，仍不下火线。10月6日，朱德率部完成阻击任务后，由三河坝转移到饶平县茂芝镇时，遇到从潮汕地区退出来的南昌起义军一部约200人，才知道起义军南下行动在汕头地区遭敌军围攻，主力部队已经失败。

此时，部队军心混乱，议论纷纷，有些人不告而别，逃离了队伍，留下的人也人心惶惶，悲观失望，不知今后去向如何。在这危急关头，朱德表现出大无畏的革命精神和坚不可摧的革命意志。

10月7日上午，朱德在茂芝镇的全德学校里召开起义军营团干部会议时坚定地说：“我是共产党员，潮汕和三河坝战斗虽然失败了，但我有责任把八一南昌起义的种子保留下来，我也愿意把大家统帅起来，一道把革命干到底！南昌起义这面旗帜绝不能丢，武装斗争的道路一定要走下去。现在我们也要离开这里，摆脱险境，寻找新的有利环境，继续坚持战斗。”

听完朱德的讲话，陈毅也坚定地表示，坚决拥护朱德同志的领导，并愿尽自己一切力量协助朱德同志保存南昌起义这批革命种子，把革命进行到底。李硕勋、王尔琢、周子昆等其他到会人员也都纷纷表示，坚决拥护朱德的领导，无论千难万险，决心跟随朱军长战斗到底……

10月底，朱德率起义军余部一路隐蔽北上，在多次击溃反动武装的阻击后，进入赣南山区安远县天心圩时，时已深秋，寒气袭人，但起义军还穿着破烂不堪的单衣，有些战士还光着脚行军，病号伤员无法治疗，有的病亡，有的逃离，因而减员很多，部队思想混乱，军心不稳，处境相当艰难。

朱德、陈毅为做好起义军余部的巩固工作，在天心圩再次对大家进行形势和前途的教育。朱德以俄国革命为例来讲当前的革命形势：“俄国在1905年的革命失败了，但在两年后1907年的革命终于成功了，中国革命也会像俄国革命那样，在经过失败以后也会取得成功的。现在要革命的就跟着起义军走，不愿意的可以回家，走后愿意回来的欢迎。即使最后剩下我一个人，我还是要坚持革命下去！我还会发动起更多的人参加革命！”

听完朱德的讲话，陈毅也激励大家说：“南昌起义的失败不等于中国革命的失败，只要我们坚持下去，中国革命还是会成功的。在胜利发展的情况下，做英雄是容易的；在失败退却的局面下，做英雄就困难得多了。只有经过失败考验的英雄，才是真正的英雄。我们就要做失败时的英雄。”

朱德、陈毅的讲话，使周子昆受到很大的教育和鼓舞，他从困难中看到了希望，从黑暗中看到了光明，他随后也托着负伤的胳膊坚定地表态：“我们营的全体指战员愿跟随朱军长战斗到底，为革命不怕牺牲，决不当逃兵！”

当时起义部队仅存800余人，其中周子昆率领的营就有300多人，营连建制还比较完整，他的表态对稳定军心起了举足轻重的作用。

10月底，南昌起义军余部进入信丰县城时，有的士兵到小饭馆白吃白喝，用弹药到当铺换钱，甚至还有三人抢劫大户。朱德和陈毅对这几起严重违反纪律的情况甚为气愤，立即紧急集合，把部队带到离城10多公里的一个山坳里，以此为例进行军纪整顿。

陈毅在队前讲话时严肃地说：“我们是共产党领导的队伍，没有纪律是不行的，没有人民群众的支持和拥护也是不能生存的。因此，我们对严重违反军纪、伤害群众的现象决不能容忍，必须严惩，下不为例！”随后，朱德当即宣布了革命纪律，把带头肇事、严重败坏军誉，抢劫大户的3名主犯立即枪决。

周子昆抓住这个典型事例，教育干部战士要严格遵守革命纪律，任何情况下都不能损害群众的利益，都不能损害起义军的声誉。在他的严格管理和教育下，全营的纪律状况得到进一步提高。

后来，美国著名进步作家艾格妮丝·史沫特莱（Agnes Smedley）在《伟大的道路——朱德的生平和时代》一书中，写到这段历史时作了这样的记述："南昌起义军失败后，朱将军并未能说服失败主义者，他们还在进行涣散军心的游说；不过朱德得到多数青年军官的支持，这些人在今后二十年里创造了中国的历史，其中有林彪、陈毅、周梓（子）昆和王尔琢……"

参加湘南起义与井冈山会师

1927 年 11 月上旬，朱德、陈毅率领南昌起义军余部约 800 余人转移到湘、粤、赣三省交界处的江西省崇义县，开始在崇义县西南的上堡、文英、古亭一带秘密活动，并进行休整。不久，朱德通过他与国民党第 16 军军长范石生的关系，将起义军余部以"第 16 军 47 师 140 团"的番号暂时编入范石生的部队。

在此期间，部队在朱德、陈毅的领导下进行整训。重新登记共产党员、共青团员并调整党团组织，把优秀分子发展为党员，使党员的数量得到充实。在连队设立党代表，将粟裕等一批表现好的骨干提拔为连队党代表，从而使连一级党的领导得到加强。这些措施推动了人民军队初创时期的政治建设，对后来加强党对军队的领导起到了重要作用。

在这次整顿中，朱德、陈毅等把经过大浪淘沙保留下来的南昌起义军余部的骨干，统一整编为一个纵队，番号称“国民革命军第五纵队”，朱德（化名王楷）为司令，陈毅为指导员，王尔琢为参谋长。周子昆营队仍保持原建制。

1927 年 10 月底，毛泽东领导秋收起义队伍到达井冈山后不久，便派出何长工寻找南昌起义军的余部队伍。12 月的一天，何长工闻讯辗转来到粤北韶关西北的犁铺头，找到了在此地活动的“国民革命军第五纵队”，受到朱德、陈毅的欢迎，并请何长工介绍了毛泽东领导秋收起义队伍在井冈山开展游击战争的情况。周子昆将这一消息及时传达给本营指战员，以振奋大家的革命情绪，鼓舞大家坚持革命斗争的胜利信心。

1928 年 1 月中旬，蒋介石发现南昌起义军余部在韶关的行踪后，便准备派兵进行“追剿”，朱德获悉这一信息后立即和陈毅率领起义军由粤北转向湘南宜章县，甩开了敌军的“追剿”。1 月 22 日，朱德、陈毅率部到达宜章境内，在中共宜章县委的策应下，周子昆率营化装成国民党军先行入城，没放一枪便逮捕了宜章县国民党政府官员，解除了团防局和警察局的武装，揭开了湘南起义的序幕。这时已近农历年关，故又称“年关暴动”。

起义军智取宜章城，使国民党反动派受到很大震动，驻粤北乐昌地区的敌军独立第 2 师主力 6 个团，在师长许克祥率领下直奔宜章而来。朱德、陈毅为诱敌深入，便丢弃部分武器装备，率部暂时撤离宜章城，拉到距县城西南 40 公里的山地隐蔽待机。许克祥部占领宜章城后，看到起义军丢弃的武器装备，误以为起义军是慌忙逃窜，便放松警惕继续向南追击进至岩泉地区。此时，朱德、陈毅率部已在岩寺、栗源地区设伏，一举击溃许克祥部，并乘胜夺取砰石敌后方仓库，缴获山炮、迫击炮、机关枪等大批武器和物资，极大充实了起义军的武器装备和弹药给养。

智取宜章战斗的胜利，轰动了湘南。中共永兴、资兴、安仁等县党组织趁势领导各地进行武装起义，建立苏维埃政权，组建工农革命武装。1928年2月至3月，起义军又先后攻占了郴县、永兴、资兴、耒阳等县城，进一步扩大了湘南起义的胜利成果。但周子昆在攻打耒阳县城的战斗中，左腿被子弹穿透，造成严重骨折。因为行动不便，需要休养，其营长职务由3营7连连长林彪代理。

湘南起义的胜利，使国民党反动派十分恼怒。3月下旬，蒋介石勾结粤、桂、湘军阀，集中兵力向湘南地区起义武装发起进攻。面对敌军的大举进攻，为避开强敌，开辟新的斗争环境，4月初，朱德、陈毅率南昌起义余部和湘南起义的部分农军武装，开始撤离郴州、耒阳地区，向井冈山地区转移，准备与毛泽东领导的秋收起义部队会合。

部队撤离前，朱德和陈毅考虑到周子昆骨折尚未痊愈，行动不便，准备把周子昆和部分伤员留在当地疗伤，但周子昆坚决不同意，表示一定要和大部队一起行动。他开始是躺在担架被抬着走，为了不给别人增添负担，他在腿伤略微好转后，便主动要求不再躺在担架上，而是坐在一匹小骡子上，随朱德、陈毅艰难跋涉，一路行军转战赶赴井冈山。4 月下旬，朱德、陈毅率南昌起义余部和湘南起义一部到达井冈山地区，与毛泽东领导的秋收起义部队胜利会师。

1928 年 5 月 4 日，朱、毛红军利用纪念五四运动的机会，在龙江书院举行庆祝胜利会师大会。上午 10 时整，毛泽东、朱德、陈毅等人登上主席台，何长工宣布大会开始，宣布朱、毛红军统一改编为中国工农革命军第 4 军，朱德任军长，毛泽东任党代表，王尔琢任参谋长，陈毅任政治部主任。下辖第 10、第 11、第 12 师。周子昆所在的第 73 团改编为第 10 师 28 团，王尔琢任团长，周子昆任第 28 团 1 营营长。

井冈山的“红色教头”

红四军成立后部队发展很快，朱德、毛泽东考虑到部队基层政治干部缺乏，军事干部的水平也亟待提高，为适应革命形势发展的需要，决定举办教导队，培养一批骨干，由陈毅兼教导大队长，伤势基本痊愈的周子昆担任教导队副队长，并具体负责组织教导队的创建和教学。

毛泽东在教导队开办前对周子昆说：“我们是革命的队伍，工人农民是主要成分，他们不识字、无文化。教导队不仅学军事，也要学文化、学政治，要告诉学员为什么打仗，为谁打仗。”周子昆牢记毛泽东的嘱托，还请毛泽东参加了教导队的开学典礼，毛泽东在开学典礼上的讲话中说：“人不是在娘肚子里就懂得马列主义的，懂得用兵打仗的，所以我们要办这个教导队，我们就是要在打仗中学习打仗，在战争中学习战争。”

毛泽东“在打仗中学习打仗，在战争中学习战争”的话给周子昆留下了极为深刻的印象，不仅成为他创办教导队的座右铭，也成为他后来戎马生涯的座右铭。

周子昆负责教导队的创办完全是白手起家，没有任何经费，仅有几条破枪供教学参考使用，校址就借用在茨坪一个祠堂里。由于办学条件十分艰苦，周子昆和队员们同吃住，上课都集中住在祠堂里，没有床铺就用一些稻草铺在地上当床。队员知道周子昆胳膊和腿都受过伤，特别是腿伤还没有痊愈，不忍让他一起滚稻草，便为他找来一张木板床，让他睡在床上。但他一次也没有睡在这张床上，而是把这张床作为他的办公桌，上面摆满了一些教学办公的用品，只腾出一个小角落在上面写教案。没有教材，就自己编写；没有教室，就在露天上课；没有桌椅，就以垒砖为桌、石块为凳；没有纸，没有笔和黑板，就用树枝、炭条在地上、石板上或沙盘上练习写字。

周子昆对队员们的要求非常严格，每天早晨他都是提前起床，亲自吹哨，定点起床操练。茨坪四面都是高山，每天出操爬山头是必需的科目，周子昆因为腿伤还没有痊愈，不能和队员一起爬山，就在山下面监督队员爬山。爬完了山便进行军事基本知识的训练。在所有的军事训练科目中，他都亲自担任军事教员的工作，对诸如队形变换，持枪动作，立正、稍息、开步走等每个动作，都要求做得符合标准，稍差一点，重复再做。操练打靶科目时，由于人多枪少，他在练习枪法时采取轮流练习的方法，你练完了，我再来练习；子弹很少就采取开弓不放箭，瞄准不发弹的方法。正是周子昆的严格要求和队员们的勤操苦练，大家很快就掌握了基本的军事知识。

在文化学习和教育中，他还采用一种背字的方法，就是把每天要学习的生字用粉笔字写在后背的衣服上，以 500 个字为一个学习单元，谁走到哪里都可以看见，记住不忘。

教导队在教学中坚持理论与实际相结合的方针，除集中上课操练外，也组织学员参加实际斗争。周子昆率领教导队跟着部队多次参加打土豪、组织地方政权，建立地方武装，组织工会、农会等活动。教导队的规模在实战中不断扩大，从初办时只有一个区队 50 余人，到 1928 年 11 月时增至三个区队 200 多人，这些学员后来成为中央苏区各地红军或地方红色政权的骨干，周子昆也因此被誉为井冈山的“红色教头”。

03 转战中央苏区

战斗在赣南闽西

1928 年 6 月，由于中共湖南省委不顾实际情况，盲目命令红四军“向外发展”，造成了湘赣边界的“八月失败”，红四军在向外发展的转战中也遭受严重损失，第四军参谋长兼第 28 团团长王尔琢被率部叛逃的营长袁崇全杀害。第 28 团 1 营营长林彪接任王尔琢的职务。同时，周子昆奉命从教导大队回到 28 团，接替林彪的 1 营营长的职务。

在第 28 团，论资历周子昆比林彪要老一些，早期在叶挺独立团时周子昆是排长，林彪是见习排长；南昌起义时周子昆是营长，林彪是连长；

在井冈山会师前，林彪是接替负伤的周子昆代理其营长职务。但在这次的任命中，周子昆却成为林彪的下级，有的人替他鸣不平，但周子昆却没有为此而计较个人的得失，他很坦然地说：“在我们的革命队伍中不论职务高低，目标都是一致的，那就是消灭国民党反动派。”

红四军主力回到井冈山后，敌赣南独立第7师师长刘士毅部5个营尾追而至。朱德、毛泽东分析了敌情，决定诱敌深入，歼灭该敌。9月13日上午，第28团和第31团3营共4个营兵力及遂川县独立大队在遂川县的堆子前设下埋伏。周子昆率第1营在草林附近迎面遇敌，周子昆下令开火，稍加阻击回头便跑，诱敌深入到我伏击圈后，激战3小时，歼敌3个营，缴枪250余支，并占领遂川城。此役捉住了叛徒袁崇全处以枪决，为王尔琢报了仇。接下来，9月中旬至10月，又连打了几个胜仗，粉碎了敌人对井冈山的第二次“会剿”，巩固了罗霄山脉中段根据地。在此期间，周子昆由1营营长升任第28团参谋长。

1928年10月，彭德怀、滕代远率领由湖南平江起义部队成立的中国工农红军第5军第1、第3纵队（第2纵队由黄公略率领，留守平江、浏阳地区坚持斗争）800余人一路转战，于11月底来到井冈山，与毛泽东、朱德的红四军会师。红四军、红五军会师，壮大了井冈山的革命力量，引起国民党当局的恐慌。同年年底，湘粤赣三省之敌经过充分准备之后，先是对井冈山进行严密的经济封锁，随后联合起来四面围攻，对井冈山发动了第三次“会剿”。

面对严峻的形势，毛泽东在宁冈县柏露村主持召开红四军军委、红五军军委、湘赣边区特委及边界各县党组织负责人的联席会议，决定红四军主力（军部、特务营、28团、31团）向赣南出击，红五军留守井冈山。起初周子昆对红四军离开井冈山，挺进赣南的行动还不太理解，他就找毛泽东请教这个问题。毛泽东告诉他：“井冈山是群山环抱的弹丸之地，我们若想求得大的发展，势必要在井冈山之外开辟新的根据地，这次的行动的目的就在于此。”

1929年1月，朱德、毛泽东率红四军主力离开井冈山，进军赣南，跳到外线去，在更广大的地区开展游击战争，调动敌人，打击敌人，粉碎敌人的“围剿”。赣南地区的1月，正是寒冬雪地的时节，红四军主力穿行在山林间崎岖难行的小道上，许多人穿着褴褛的单衣，没有鞋子，在严冬里踏着冰雪，与数倍于己的敌人周旋，几乎每天都有战斗。1月23日，红军占领大庾县城后，尾追之敌刘士毅旅趁我军立足未稳之际，突然向大庾县城东端发起猛攻，城东的警戒阵地被突破，军部被迫向南转移，尾追之敌紧紧跟在红四军后面，彼此间相差仅一天的行程，林彪和周子昆奉命率第28团殿后，进行顽强阻击，几乎每天都会发生围追堵截的战斗。

2月9日下午，红四军主力到达江西瑞金城北的大柏地，见刘部尾追红军不舍，前委决定在此地打一仗，割掉刘士毅旅这个尾巴。2月10日是农历的大年初一，红军决定用“诱敌深入”的战法，吸引刘士毅旅尾追红四军到了大柏地的杏坑村。这里四面都是高地，只有中间一条小道通过杏村，山上长满了杏树，故称“杏坑”。

红四军埋伏在树林子里从早上一直等到下午3时，终于等来了刘士毅部的2个团进入红四军伏击圈。红四军激战一夜，歼敌2个团大部，俘敌团长以下800余人，并缴获大批武器弹药。

周子昆在这次作战中，亲临一线前沿指挥作战，他面对冲到阵地前的敌军，高喊："拼刺刀！"随后身先士卒端起刺刀与敌军展开肉搏。一个人高马大的家伙紧紧抓住周子昆的步枪不放，这时右边的一个敌人又刺过来，周子昆躲闪不及，右胳膊被划伤一刀，幸好没有重伤。他机敏地向后仰倒侧滚，在滚翻中迅速掏出驳壳枪，"砰砰"两枪，打倒了那两个敌军。在周子昆的率领下，红军战士纷纷端起刺刀同敌军展开肉搏，消灭了阵地前的敌军，吓得后面的敌人再也不敢靠前了。战后，陈毅来看周子昆的伤口后说："幸亏你这个瘦猴子躲得快，如果你是大胖子，这一刀你躲不过去恐怕就不好办喽！"陈毅对周子昆身先士卒、冲锋在前的勇猛精神赞叹不已。

大柏地战斗的胜利，红四军进军赣南、闽西，又打出了一片新的、更适合于发展的根据地。在这里，红四军与江西红军第2、第4独立团会师。3月中旬，在长汀县城南之长岭，歼灭郭凤鸣旅3000余人并击毙旅长郭凤鸣，顺势攻占长汀县城。随后红四军主力占领了宁都，进至东固地区，在这里筹款、买布、做军服，还给官兵每人发5角零用钱。

2月中旬，红四军主力来到赣南革命根据地，与当地的红军第2团、第4团在罗坑会师。为利于江西红军的发展，增强骨干力量，朱德、毛泽东决定在红2、红4团开办教导队，为赣南根据地多培养一些基层干部，因为周子昆有办学经验，决定派周子昆负责红2、红4团教导队的开办和教学工作。

在教导队开办不久，毛泽东找到周子昆听取了教导队开办和教学情况，针对汇报中存在的问题，毛泽东说："教导队培训学员，背条令，讲操典，注重实效，从实战出发，抓射击、刺杀、投弹、夜战训练，抓单兵和班排战术动作，还有爬山训练什么的，这对提高作战能力都很好。但红军不是绿林好汉，应该有自己的战略战术。"接下来毛泽东谈了“敌进我退、敌驻我扰、敌疲我打、敌退我追”十六字游击作战口诀，并建议周子昆要从红军游击作战的特点出发，多讲讲游击作战的内容。

周子昆听了毛泽东的这些话明白了，毛泽东找他谈话实际上是给他上了一课。这次长谈之后，周子昆把原来背诵条令、条例、操典的学习方法与毛泽东提到的红军游击作战“十六字”口诀结合起来，灌输到学员们的头脑中去。此次教导队开办两个月，为赣南、闽西根据地的创建和发展培养了 100 多名基层干部，成为后来赣南、闽西革命根据地的主要骨干力量。

1930 年 1 月，江西红军独立第 2、第 3、第 4、第 5 团与赣西南红军游击队合编为红军第 6 军，周子昆任第 6 军 2 支队支队长。7 月，红六军改称红三军，黄公略任军长，陈毅任政治委员，周子昆任参谋长。

率部参加反“围剿”

1930年8月，中国工农红军第1军团和第3军团合编，组建红军第一方面军，部队共计3万余人，朱德任红一方面军总司令，毛泽东任总政治委员。中国工农红军的迅速发展和中央革命根据地的不断扩大，使国民党当局异常恐慌，蒋介石调集11个师又2个旅共计10万余人，由驻江西的第九路军第18师师长张辉瓒任前线总指挥，从12月中旬开始，对中央苏区进行第一次“围剿”。对此，红一方面军总前委在宁都黄陂召开会议，对第一次反“围剿”作战作出部署，根据敌强我弱的实际情况，采取“诱敌深入”的战略方针，集中兵力适时反攻，歼敌于运动之中，以粉碎其“围剿”。

12月下旬，红军在小布开了一个反“围剿”作战动员大会。会场上贴着毛泽东起草的一副对联：“敌进我退，敌驻我扰，敌疲我打，敌退我追，游击战里操胜算；大步进退，诱敌深入，集中兵力，各个击破，运动战中歼敌人。”周子昆看了这副对联后深受启发，他情不自禁想起了毛泽东同他谈过的红军游击作战的“十六字”口诀，便将这副对联抄在小本子上。

誓师大会过后，毛泽东来到红十二军军部，对军长罗炳辉说：“你率领第35师到藤田方向，牵着张辉瓒的鼻子，把他引到龙冈去。在引敌途中只许败退，不许阻击。”

罗炳辉按照毛泽东的要求，率领第35师从藤田出发，途中不断丢掉背包、大刀、马灯、水壶、草鞋等装具，在12月29日上午，让敌人看到红军退却的“狼狈相”而拼命追赶，一步一步将张辉瓒部引到了龙冈。

当日晚，红三军军长黄公略和政治委员蔡会文根据方面军首长的指示，得知张辉瓒部已被引到龙冈地区后，当晚率部赶到指定位置，待命行动。12月30日上午，张辉瓒以第52旅为先头、师部居中，第53旅殿后，由龙冈向五门岭攻击前进。当日9时许，敌军的先头部队已经进入周子昆参谋长率领第 7 师在黄竹岭设下的前沿阵地埋伏区域。周子昆对敌军的行动看得清清楚楚，当敌军全部进入伏击圈后，周子昆的令枪一响，各种火力瞬时猛开，拉开龙冈战斗的序幕。随后，红军各部从四面八方围了过来，战至下午全歼张辉瓒一个师部和两个旅共 9000 余人。敌师长兼前线总指挥张辉瓒和第 53 旅旅长王俊捷，躲在一个四周长满灌木和茅草的土坑中，被红三军的战士搜查出来，张辉瓒和王俊捷被活捉，敌第 52 旅旅长戴岳换上士兵服装潜逃了。

1931 年 1 月 3 日，周子昆率领第 7 师参加了东韶战斗，协同其他部队歼灭敌 50 师一个多旅，俘获 3000 余人。在上述作战中，红三军还缴获 1 部 15 瓦电台、1 部收报机、3 部电话总机、20 余部电话单机、10 多公里电话线，俘虏相关的通信报务人员，羁押在军参谋处。这些电讯器材和技术人员，都是红军急需的，周子昆根据军首长的指示，派人及时把这些难得的通信器材和报务人员上送到红军总部。其中报务员吴人鉴（后改名王诤）、实习生刘寅（后改名刘达瑞）等十几人经过教育后自愿参加红军。他们就用这部 15 瓦电台和收报机收听敌情，为红军总部首长了解敌情、准确掌握敌军动向提供了情报信息，为以后多次打破敌军的“围剿”作出了贡献。

从这时起，毛泽东、朱德等红军领导人更加重视通信工作，红一方面军总部以这部电台为基础成立了无线电队，王诤担任队长并负责培训报务和机务人员。从此，红军部队增添了“千里眼”和“顺风耳”。为此，毛泽东称赞王诤为“红军无线电通信工作的创始人”。

第一次反“围剿”作战的胜利，让毛泽东很兴奋，为此挥笔写下了《渔家傲·反第一次大“围剿”》，诗篇大气磅礴：

万木霜天红烂漫，
天兵怒气冲霄汉。
雾满龙冈千嶂暗，
齐声唤，
前头捉了张辉瓒。

二十万军重入赣，
风烟滚滚来天半。
唤起工农千百万，
同心干，
不周山下红旗乱。

蒋介石对中央苏区的第一次“围剿”失败后并不死心，1931年2月，又调集20万人开始第二次“围剿”。敌军总结第一次“围剿”孤军冒进失败的教训，改用“稳扎稳打，步步为营”的战法进行“围剿”。

面对敌军的“稳扎稳打，步步为营”的战法，苏区中央局和红一方面军总部坚持采取“诱敌深入”的战略，把敌人引到苏区内，集中优势兵力各个击破，粉碎敌人的“围剿”。在这期间，按照朱德、毛泽东的命令，红一方面军各部队分兵开展工作。红三军第7师和红十二军第35师编为红一方面军西路军，由周子昆统一指挥，进至兴国以东江背洞、龙冈头地区和兴国以西水丰圩、高兴圩地区，在地方赤卫队的配合下，执行诱敌深入、消灭地主武装和筹备粮款任务。其余主力部队在东固地区隐蔽集结，坐观敌军劳师远征，隐蔽待机，作好第二次反“围剿”作战的准备。

5月13日晚，红一方面军总部无线电队队长王诤在无线电搜索中发现，敌军第28师公秉藩部电台正在与该部驻吉安留守处电台用明码联络沟通。

吉安电台问：“你们现在哪里？”

第28师电台答：“我们现驻富田，明晨出发！”

吉安电台又问：“到哪里去？”

第28师电台答：“到东固去！”

敌电台简短的对话反映出敌人的行动方向。东固是当时红一方面军总部所在地，毛泽东和朱德看到这份情报后，立即作出伏击歼敌的作战部署。根据红军总部的命令，周子昆指挥红7、红35师立即出发，前往中洞到东固一线，达中洞南侧山上树林中隐蔽设伏，会同东路军红三军主力等参加反“围剿”作战，准备伏击敌军第28师公秉藩部和第47师一个旅。

14日中午时分，敌28师以行军队形一路走来。待敌人全部进入伏击地域后，随着红三军军长黄公略指挥枪的一声令下，隐蔽在树林中的各路红军横向冲击敌群。敌人在行进中猝不及防，急忙溃退，有的连枪栓还没拉开就当了俘虏。

5月19日，红三军奉命向东追歼白沙守敌郭华宗43师。周子昆部作为红三军中路主攻部队，在白沙南与敌郭华宗师首先交上了火，迅速夺取了白沙南的交通要道藤田镇，迫使守敌向永丰方向溃逃。次日，红军总部到达藤田镇。5月26日，方面军总部在此召开红军总前委军事会议，决定乘胜攻打敌军第二次“围剿”的大本营——广昌。26日晚，红三军军长黄公略参加总前委会议回来，向师团干部传达了攻打广昌的作战命令。广昌有守敌三个师，分左、中、右三个方向固守，总部决定红三军担任左路主攻，消灭守敌胡祖玉的第5师。红三军在研究作战方案时，周子昆根据广昌守敌的情况，提议红三军须分两路攻城：一路先由城北佯攻甘竹镇，吸引敌军主力，随后主力经青桐、沙子岭从北面攻城。

黄公略同意这一建议，决定由周子昆指挥主

力首先爆破敌工事。27日凌晨，指战员们在机关枪、迫击炮的火力掩护下，勇猛冲杀，敌人步步后撤，敌师长胡祖玉在用望远镜观察时被一流弹击中（后重伤不治毙命于南昌），敌军立刻“树倒猢狲散”，残部向南丰溃逃，广昌城遂被攻克。

5月31日，红军总部命令红三军团和红十二军担任主力，在红三军和红四军配合下，向建宁县城发起攻击作战，一举歼灭守敌刘和鼎第56师，并占领了县城，成功打退了敌军的第二次“围剿”。为此，毛泽东又挥笔写下了《渔家傲·反第二次大“围剿”》：

白云山头云欲立，
白云山下呼声急，
枯木朽株齐努力。
枪林逼，
飞将军自重霄入。

七百里驱十五日，
赣水苍茫闽山碧，

横扫千军如卷席。
有人泣，
为营步步嗟何及！

蒋介石不甘心第二次“围剿”中央苏区的失败，1931年6月中旬，又调集其嫡系部队5个师共10万人到江西，连同原在中央苏区周围和新调来的非嫡系部队，总兵力达23个师又3个旅共30万人，从7月1日开始对中央苏区进行第三次“围剿”。蒋介石亲任总司令、何应钦任前线总指挥，采取“长驱直入”的方针，企图首先消灭红军前沿主力，然后再深入进行“清剿”。面对敌军的调兵遣将，红一方面军领导人毛泽东、朱德等人决定“避敌主力，打其虚弱”，放开边缘防御，诱敌深入苏区中心，再集中兵力实行反攻，打破“围剿”。

7月23日，红三军的电台报务员破译了何应钦发给敌各路军的电报，从中得悉敌军将乘红军主力出击赣东、闽西之机，准备在8月初开始，分三路由莲塘、良村、黄陂方向，向赣南苏区进犯。毛泽东、朱德获此情报后，立即通知红一、红三军团主力从闽西地区出发，于7月28日到达兴国西北高兴圩地区，完成回师集中，准备进行反“围剿”的作战任务。

8月上旬和中旬，按照中革军委的命令，红三军团统一指挥红三、红四、红七、红十二军进行反“围剿”作战。其中，周子昆率领的红七军一部和红三十五师，先后在莲塘、良村、黄陂一线参加了对敌阻击作战，经过激战，歼敌第47师第2旅、敌第54师师部及两个旅的大部、敌第8师4个团。莲塘、良村、黄陂三战三捷的胜利，使红军从被动转为主动，迫使蒋介石下令结束这次“清剿”，开始后退。

9月6日，毛泽东、朱德获悉敌军正沿高兴圩大道向北撤退，遂令红三军和独立第5师抢占奉和县老营盘，断敌退路，将敌第52师和敌第4军炮兵团歼灭。

9月15日，红三军在方石岭向东转移至吉安东固六渡坳时，突遭敌军飞机轰炸袭击，军长黄公略不幸中弹牺牲。周子昆闻讯后失声痛哭，他对身边的官兵们说：“黄军长的牺牲是我们军的最大损失，是我们军官兵最大的心痛，我们要继承军长的遗志，不怕牺牲，勇敢作战，为军长报仇雪恨！”

不久，周子昆被任命为红三军军长，他按照中共苏区中央局和红一方面军总部的指示，带领红三军开赴雩都地区进行整训。为纪念黄公略和表彰他的丰功伟绩，中华苏维埃共和国临时中央政府决定，在中央苏区设置公略县，将中国工农红军第二步兵学校命名为公略步兵学校。对于黄公略的不幸牺牲，毛泽东也极为悲痛，曾在其著名诗词《蝶恋花·从汀州向长沙》中写道：

六月天兵征腐恶，
万丈长缨要把鲲鹏缚。
赣水那边红一角，
偏师借重黄公略。

百万工农齐踊跃，
席卷江西直捣湘和鄂。

国际悲歌歌一曲，
狂飙为我从天落。

守卫中央苏区南大门

1931年12月14日，国民党军第26路军1.7万余人在赵博生、董振堂等人的领导下，在宁都举行起义，集体加入工农红军。12月16日，中革军委发布命令，将起义部队编为中国工农红军第五军团，辖第13、第14、第15军，季振同任总指挥，萧劲光任政治委员。

为了便于改造这支起义部队，1932年3月12日，红一、红三军团与红五军团实行混编，红三军被编入红五军团，周子昆调任红五军团参谋长。整编后的红五军团下辖红三军和红十三军两个军。4月20日，在毛泽东的直接指挥下，红一、红五军团联合攻打漳州。这是红五军团编成后的第一个大仗，也是周子昆担任军团参谋长的第一仗。他和司令部的参谋人员潜心研究制定了3个作战方案，供军团首长季振同、萧劲光参考选定。最后选定“一路佯攻在先，后路主攻随后”的作战方案，两军团相互配合，一举攻克了漳州城。

漳州城被红军攻占后，广东军阀陈济堂所属的粤军在蒋介石的唆使下，开始频频进犯赣南苏区，为了保卫和巩固赣南苏区，中革军委决定集中兵力回师赣南，打击粤军的进犯。6月中旬，红一、红五军团从闽西向赣南进发，6月底到达赣南。随后，周子昆和红五军团军团长季振同、军团政治委员萧劲光等人一起，先后率部参加了水口战役、乐安战役、宜黄战役、建（宁）黎（川）泰（宁）战役、金溪战役、资溪战役等。

1933年1月初，在纪念宁都起义一周年时，中革军委在黎川城举行了盛大的庆祝活动，通报表彰了红五军团创建一年来的累累战果和功勋，周子昆作为军团的参谋长也在通报表彰名列。庆祝大会后，周子昆奉命离开红五军团，调往江西军区任参谋长。

江西军区位于中央苏区的南面，辖区包括红

都瑞金在内的中央苏区大部分地区，是中央苏区的南大门，内辖 5 个分区、5 个独立师、江西红色警卫团及 29 个县独立团。周子昆到江西军区上任之时，正是中央苏区进行第四次反“围剿”作战之初。1933 年 2 月至 3 月，在“保卫苏区，支援前线”的口号下，周子昆协助江西军区总指挥陈毅、政治委员李富春，指挥江西军区所辖武装在积极开展游击战，配合红一方面军主力进行第四次反“围剿”作战的同时，还积极投入“扩红”运动，从宁都到兴国，分片包村，深入到一家一户，进行“保卫苏区，支援前线”的战争动员。特别是动员 5500 人组成的兴国模范师集体加入红一方面军一事，成为中央苏区“扩红”运动中的模范典型。红军总司令朱德、总政委周恩来为此致电陈毅、李富春，表彰江西军区兴国模范师是“苏区模范中的模范”，号召全中央苏区向兴国模范师学习。

4 月，周子昆调任福建军区总指挥（后称司令员），他和政治委员谭震林一起，指挥福建军区独立第 7、第 9、第 11 师等部，为巩固闽西红色区域、扩大红军武装作出了巨大努力。6 月，红一方面军为适应反“围剿”作战的需要，集中力量，充实基层作战部队，再次调整部队编制，开始逐级缩编并取消各军团所属军一级的组织机构。原隶属福建军区的红十九军番号撤销，和原红二十军第 34 师合编，仍称第 34 师，归福建军区指挥，周子昆兼第 34 师师长。

7 月，彭德怀、滕代远率领的东方军入闽作战，周子昆率部积极配合入闽行动，先后攻克连城、姑田、永安、小陶等地，使宁化、清流、归化、建宁等红色区域连成一片，恢复了连城、朋口、新泉一带大片苏区，进而粉碎了蒋介石对中央苏区的第四次“围剿”。

1933 年 9 月，蒋介石又调集约百万的兵力，自任总司令，对中央苏区进行第五次大规模“围剿”。这次“围剿”，蒋介石根据德国顾问赛克特的“堡垒主义”新战法，逐步向中央苏区进犯。

此时，中央临时政府负责人博古（秦邦宪）盲目崇洋，把军事指挥权完全交给了共产国际驻中国的军事顾问李德。而李德这个“老外”并不懂得中国革命战争的具体特点，他以“御敌于国门之外”为由，反对毛泽东、朱德早先制定“诱敌深入”的游击作战方针，而采取以“堡垒对堡垒”的阵地战为作战方针，命令红军全线出击，结果使红军辗转于敌军主力和堡垒之间，导致反“围剿”作战陷入被动局面。

1934 年 4 月中旬，国民党军集中优势兵力进攻中央苏区的北大门广昌。“左”倾错误下的领导不顾敌强我弱的实际情况，调集红军主力同敌人“决战”。经过 18 天的血战，部队遭受重大伤亡，北线的防守重镇广昌失守。广昌失守后，国民党军开始集中兵力在南线战略要地粤赣军区的筠门岭展开重点进攻。为此，隶属于粤赣军区主力的红 22 师开始进行筠门岭保卫战。

筠门岭距离粤赣军区和红 22 师师部会昌南 30 公里，距离红都瑞金 50 公里，是中央苏区南线的重要隘口，也被称为中央苏区的南大门。国民党军先后集结 3 个师的兵力不断向筠门岭阵地发起猛攻，由于敌我力量悬殊，红 22 师阵地多次被敌攻破，伤亡惨重，损失过半，撤守李官山阵地进行整训。在这种情况下，周子昆临危受命，又由福建军区司令员调任红22师师长，奉命前往李官山。

就在这时，毛泽东拖着病体，来到粤赣省党政军领导机关的所在地会昌文武坝指导南线工作。在听取粤赣省委书记刘晓和省军区司令员兼政委何长工关于第五次反“围剿”等情况的汇报后，毛泽东给驻守在李官山进行整训的红22师师长周子昆打电话询问作战情况。由于周子昆刚刚报到，对前期的作战情况还不熟悉，便让尚未离任熟悉前期作战情况的政委方强接电话汇报。随后毛泽东又让周子昆接电话，语重心长地说：“你们22师当务之急是要守住中央苏区的南大门，要认真总结筠门岭作战的教训，消灭敌人首先要保存自己，不能去硬碰硬。要采取游击战和运动战相结合的打法，要集中优势兵力，造成有利条件，首先从歼灭小股敌人开始，再争取消灭敌人一个营、一个团，继而打更大的胜仗。”

听了毛泽东的指示，周子昆联系历次反“围剿”作战的实际，他和参谋长孙毅等认真总结作战失利的教训，决定改变赣南斗争的方式，按照毛泽东的指示，不去硬碰硬，而是采取游击战和运动战相结合的打法，组织精干部队，抓准战机，避开敌军的主力锋芒，向敌军侧翼突然出击。随后，他和参谋长孙毅一起，率领5个营的兵力，在地方游击队的配合下，夜袭敌军设在侧后的供给点周田，一举消灭了驻防周田的粤军一个营和当地的民团武装，缴获了一批军需给养。与此同时，红22师组下属各团，织精干部队，抓准战机，向敌军侧翼突然出击，快打快撤，干净利落地吃掉了几支冒进前沿的粤军，迫使粤军向后撤退，使赣南的斗争局面有了转机。

6月间，毛泽东听说赣南的斗争局面有了好转，又从文武坝来到红22师师部驻地李官庄视察。毛泽东这次在红22师师部住了半个月，多次听取周子昆和新任政委黄开湘等人的汇报，还认真查看了红22师师部的作战文书、训练计划、战斗详报、战斗总结等材料，同周子昆等研究制订了一些作战预案。

在毛泽东离开红22师前，周子昆和政委黄

开湘将全师营团干部召集起来请毛泽东作指示。毛泽东形象地说，现在形势是敌强我弱，“叫花子岂能和龙王爷比宝？”所以你们决不能跟敌人死打硬拼，不能搞“堡垒对堡垒”的打法，那是劳民伤财，没有什么用处。因为堡垒是死的，人是活的，是随着作战情况的变化而不断变化的。

毛泽东的这些指示，使周子昆受到很大的启示和教育，他清醒地认识到了战争的复杂性，深入地理解了战争与政治、战争与人民、战略与战术的辩证关系，更加重视游击战与运动战战略与战术的运用。在周子昆的指挥下，红 22 师和地方武装在中央苏区南线顽强抗击了敌军队的进攻。

9 月底的一天，何长工和潘汉年突然骑马来到红 22 师师部，传达了周恩来的指示。指示说，现在与红 22 师对阵的粤军不是蒋介石的嫡系，国共合作期间对我们还是比较友好的，你们现在暂时停战，中央准备派我们来与粤军坐下来进行停战的谈判。随后，周子昆秘密安排何长工和潘汉年与陈济棠谈判。双方代表经密谈后达成五项协议：（一）就地停战，取消敌对局面；（二）互通情报，用有线电报通报；（三）解除封锁；（四）互相通商，必要时红军可在陈的防区设后方医院收治红军的伤病员；（五）必要时可以互相借道，红军有行动事先告诉陈，红军人员进入陈的防区用陈部护照。

但是，此时的中共中央和中革军委已决定离开中央苏区，实行战略转移，进行远游击作战。为此，何长工等人又接到周恩来的密电，通知红22师作好随同主力部队进行战略转移的准备。同时，周子昆得知，中央已决定让时任中华苏维埃共和国副主席、中革军委副主席的项英和江西军区司令员陈毅等人留下来，继续留在当地坚持开展游击斗争。周子昆立即去看望在老营盘作战受伤住院的老战友陈毅，并特意挑选几个压满子弹的手枪弹匣送给他，两人无暇多叙，珍重道别。随后，周子昆根据中革军委的命令，便率领红22师由驻地会昌向红九军团所在地珠兰埠靠拢。

04 万里长征途中

告别中央苏区

红九军团成立于1933年10月，当时由中央红军第3、第14师等部队组成，罗炳辉任军团长、蔡树藩任政治委员。1934年10月，根据中革军委的命令，中央红军在长征前将红22师编入红九军团。

10月初，红九军团根据中革军委的命令，从福建长汀西撤，进到瑞金以南、会昌西北的珠兰埠地区，进行战略转移的准备工作。与此同时，周子昆根据中革军委命令，率红22师调归红九军团建制，由驻地会昌向红九军团所在地珠兰埠靠拢。为此，罗炳辉军团长和蔡树藩政委及时派工作组到会昌红 22 师驻地，了解该师出征前的准备情况，帮助解决实际问题。随后，周子昆和政委黄开湘率红 22 师指战员从会昌进至珠兰埠附近，作好出征前的具体准备。

在此期间，有些人对中央红军准备离开中央苏区，进行战略大转移不理解，不愿意离开苏区和苏区的人民。为此，周子昆和政委黄开湘召开营连干部会议，介绍了第五次反“围剿”的严峻形势。周子昆说：“我们的反‘围剿’作战失败了，要打破蒋介石对苏区的封锁，必须进行战略转移。离开多年战斗生活过的苏区，我和你们一样难过，舍不得这块洒满烈士鲜血的土地。可是，请大家坚信，革命一定会胜利，我们一定要打回来。”

在战略转移出发前，红 22 师补充了一批新战士，供给部下发了子弹、手榴弹，给每人发了一件棉布褂子、一个茶缸或瓷饭碗，还给每人发了 4 块银圆作零用钱。为了轻装前进，部队要求所有人员要清理不必要的东西，但有的人舍不得丢弃自己的东西，周子昆就带头将自己保存多年的信件和工作笔记、教导队的教学方案等，用油布和油纸包扎后，放在一个木匣中，掩埋在一棵古老的大樟树下，告诉大家等革命胜利再回来取出这些纪念品。在周子昆的带动下，部队顺利完成了个人物品的轻装清理工作，踏上战略转移的征途。

10 月 10 日，中共中央和中革军委率领红军所属第一、第三、第五、第八、第九军团及后方机关共 8.6 万余人，分别从江西的瑞金、雩都和福建的长汀、宁化等地出发，开始了战略转移。红九军团在军团长罗炳辉和政委蔡树藩的带领下，于左翼掩护军委纵队前进，周子昆所在的第 22 师作为红九军团先头部队，执行开路先锋的任务。

开拔前的晚上，周子昆对妻子曾玉说：“这一次战略转移，不同以往的小行动，是到远处打游击。你现在即将分娩，不宜跟随大部队行动，我的意见是你先留下来，选几家可靠的基本群众隐蔽下来，将来待孩子稍大一点交给他们代养，再去找党组织吧。”周子昆说完这些话后，拿出仅有的 3 块银圆留给了曾玉。

曾玉，湖南宜章县人，1928 年参加湘南起义后，随起义部队上井冈山，并加入中国共产党，

在井冈山时与周子昆结婚。其实，这时的曾玉已经下定决心，死也要跟着大部队走。但为了不让周子昆担心，她表面上答应说：“你就放心走吧，我会保护自己和孩子的。”随后，她通过努力争取还是作为编外的女红军，跟随中央军委纵队踏上了长征之路。

10月16日下午，遵照中革军委的命令，周子昆率红22师由驻地到达珠兰埠军团部。这个位于贡水东岸、人口稠密的大市镇，街道两旁站满了人，乡亲们排着长长的队伍，人来人往、川流不息。区、乡苏维埃的干部送来布鞋、草鞋，抬来大肥猪，大娘大嫂送来苞米、南瓜干、地瓜干、鸡蛋等，有的妇女送来零碎布和针线。大家异口同声地说：“同志，快收下吧，这是我们的心意啊！”有的人还深情地唱道：

十月里来秋风凉，
主力红军远征忙。
军民情谊深似海，
革命成功再回乡……

一位乡苏维埃的干部大声喊道：“乡亲们，红军有任务，不要耽误他们的时间。红军走了，党没有走，还有留守的红军在坚持战斗，我们一定要坚持斗争，坚持到红军打回来！”

周子昆率红22师官兵与乡亲们依依不舍告别，他站在路边的一个大石礅上，大声对前来告别的乡亲们说：“乡亲们，回去吧，今天我们虽然离开了你们，但红军一定要打回来的！最后胜利一定属于我们！”

队伍走远了，可欢送的人群没有散，还在那里不停地招手，红军战士更是依依不舍。周子昆想到红军主力离开后，苏区人民和留下的同志一定会遭受敌人残酷的镇压，他的内心很痛苦，不自觉放慢了前进的脚步，频频回望，他想再看看他的爱妻曾玉在哪里。但是极目望去，却没有看到曾玉的身影。他的双眼湿润了，自言自语地说：“再见了，我的爱妻；再见了，我的乡亲们……”

在突破四道封锁线的作战中

1934年10月中旬，蒋介石得知红军主力离开中央苏区，开始实行战略转移的消息后，便任命湖南军阀何键为“追剿”军总司令，薛岳为前敌总指挥，集中16个师的兵力追击和堵截，并部署设置四道封锁线：第一道，设在江西的安远、信丰、赣县和广东南雄之间的公路上；第二道，设在广东北部的仁化、湖南南部的汝城之间；第三道，设在粤汉铁路从株洲到韶关一段的公路上；第四道，设在湘江两岸。他坐镇南昌，亲自指挥各路人马对红军主力进行追击堵截。

红九军团担任中共中央军委纵队的左翼掩护任务，10月18日开始进入敌占区，向安远以北的龙布、版石、安西圩一线前进，周子昆率红22师为红九军团的先头部队，一路先行，21日，逼近版龙布、版石一线。在这一线驻守的粤军一个团部带两个营，稍作抵抗侧身便走。周子昆知道陈济棠的部队已经与红军签订了秘密协议，便没有下令继续追击，顺势攻占了安西圩。

这时，周子昆的做法被上面派驻第22师的特派员发现了，就质问周子昆为什么不带全师追歼？周子昆平时就看不惯这个经常指手画脚的特派员，也懒得回答他的问话，就简单地说："我们的任务是攻占安西圩，把粤军赶跑就可以了。"

特派员却说："我们完全可以把当前之敌消灭掉，你却把敌军给放跑了，这是通敌的行为，你要为你的这种行为负责！"

面对这个家伙的指责，周子昆回答："我们师担任的是军团先行任务，如果全部去追击，前进道路受阻，后面的敌人追上来，军团受了损失谁负责？"

特派员不听周子昆解释，继续指责周子昆说："现在我听到师里的牢骚怪话特别多，你不但不批评制止，还和他们一起议论，攻击中央的指挥与决策，攻击中央领导同志，我要把你的态度向上面报告。"

面对指责，周子昆不愿再作解释，便回答说：“这是你的权力，随便你怎么报告好了！”

25日傍晚，军团长罗炳辉接到军委电令：粤敌两个师正向韶关、南雄方向推进，企图配合从赣州南下的敌人，切断红军前进的道路，以阻止红军向湖南前进。军委要求红9军团迅速通过乌（径）信（丰）公路，渡过章水，突破敌人的第一道封锁线。

10月26日，天刚亮，周子昆率红22师冒雨急行军。指战员们克服道路泥泞，赶了120多里路，于当晚到达乌径圩。乌径圩属广东省南雄县，在赣粤两省的交界处，人烟稠密，商业发达，是乌信公路的交通要道，位置很重要。驻守此地的粤军两个团听闻红军大部队来了，吓得不敢迎战，仓皇溃逃。红22师的先头部队64团迅速占领了乌径圩，保证了红9军团安全通过第一道封锁线。

10月28日，红9军团奉命夺取中央纵队和军委纵队从南康到大庾之间的必经之地青龙圩。青龙圩在当地还有一个名字——龙口，是当地有名的一个驿站，四周都是山，城圩属于山寨型的构筑，中间有一条公路穿过，内有粤军一个团部和一个营的兵力驻守，是易守难攻的据点。军团首长把任务交给了22师后，周子昆决定亲自带领主攻64团去夺取青龙圩。他挑选出20多名突击队员携带短枪，化装成当地居民悄悄潜入青龙圩镇中，占据有利地形和关键路口，随后在大部队进攻时里应外合，一举毙敌团长以下100余人，迫使余敌向南雄败退，我军毫无伤亡地夺取了青龙圩，保证了军团大部队安全通过。

随后，红九军团在赣南、湘东南、粤北三省边境的大庾山脉各群岭之中，继续向前挺进。11月6日上午，攻占仁化以北的城口镇，这里是赣韶公路的必经要道，也是敌军第二道封锁线上最后一个重要据点，红九军团抢占了城口镇后，敌军的第二道封锁线由此顺利突破。

攻占城口后，军团长罗炳辉考虑到，红22师在突破敌军第一、第二道封锁线的作战中，一直是军团的开路先锋，连续作战比较辛苦疲劳，便决定将红22师改为后卫。11月9日晨，红九军团到达位于湖南省汝城县西南延寿圩的仙人崖峡谷时，与敌军进行了一场恶战。

仙人崖是当地的一条险要关隘，两侧都是陡峭的山峰，一条狭窄的公路从峡谷的隘口穿过，当地有句民谣说：“两人背竹篓，不能并肩走”，形容的就是仙人崖的狭窄和凶险。因此，如果打不通仙人崖的关隘，大部队就无法继续前进。军团长罗炳辉深感仙人崖位置重要，便令红3师第8团在正面主攻，亲自率领第9团利用树丛掩护，迂回到敌军阵地侧后，一阵猛冲巧打，一鼓作气攻占仙人崖阵地。但红军大部队的人马拥挤在群山夹持间的山路上，行动依然比较缓慢，还不断遭受到峡谷两侧敌军的火力打击，有的枪弹直接射入红军的队伍之中。

这时，尾追之敌步步逼近，形势非常危急。周子昆率红22师断后阻击尾追之敌。命令各团抢占制高点，不惜一切代价死守，保证军团安全突围。这次战斗十分激烈，红22师在阻击战中伤亡很大。周子昆从望远镜里看着大部队裹挟着骡马、挑夫担子，拉成长长的行列，在崎岖山路缓慢行走的情景，再看看本师阵地上连天的炮火，听着各部队报来的伤亡数字，心急如焚，他握紧拳头连连捶自己的脑袋，痛苦地对政委黄开湘说：“这哪像是行军打仗啊，纯属是在大搬家啊！”

经过一天的顽强阻击，尾追之敌始终没能突破红 22 师的后尾防线。周子昆指挥部队交替掩护，边打边撤，可是面对伤亡惨重的部队和众多伤员，周子昆百般无奈，决定部队撤退时以带走伤员为主，一些笨重的装备可以丢弃。但是，这个决定却遭到了特派员的反对，并立即向上汇报了周子昆丢弃武器装备的“罪名”，为周子昆后来被撤职受处分埋下了祸根。

红九军团越过粤汉铁路良田到宜章之间的第三道封锁线后，打破了敌人在粤汉线上阻截、聚歼红军的企图，于 11 月 14 日到达宜章县境。此时，蒋介石立即在湘江以东布置第四道封锁线，作出前堵、后追和左、右侧击的部署，妄图以湘江为天堑，歼灭红军主力于湘江以东地区。根据敌情变化，中革军委决定红军兵分左右两路向西疾进，抢渡湘江。其部署是：以红三、红八军团为右路，经保和圩、青和圩向嘉禾方向前进；以红1、红9军团为左路，经梅田、临武向蓝山前进；以中央纵队、军委纵队和红五军团为中路，随左路跟进。

11月25日17时，中革军委下达了强渡湘江的作战命令。随后，中央红军在湘江上游广西境内的兴安县、全州县、灌阳县，与国民党军苦战五昼夜，最终从全州、兴安之间强渡湘江，突破了国民党军的第四道封锁线，粉碎了蒋介石围歼中央红军于湘江以东的企图。但是，中央红军也为此付出了极为惨重的代价。部队由长征出发时的8万多人锐减至3万余人。周子昆率22师担任左路后卫拼死阻击，掩护大部队渡江，伤亡很大，突出重围时已不足千人。为充实主力，减少机关单位，红九军团根据军委电令，决定将第22师撤销。其中师部和第65团编入红3师；第64、第66团分别编入红1、红5军团。这个突发情况不容许周子昆去多想，他和师政委黄开湘按照军委的命令，迅速做好部队的分编和改建事宜。

就在周子昆把红22师分编改建的工作完成之

时，特派员突然来到他的面前宣读中革军委的决定：解除周子昆党内、军内一切职务，押到军团部听候处分。周子昆看到这个决定悲愤难耐，默默地将望远镜、公文皮包、短枪交给政委黄开湘，然后跟着押送他的特派员离开了红22师，到军团部等待对他的处理。可是他到了军团部后没有看到任何处理结果，两天后却莫名其妙地被下放到军团部的挑夫队，作为一名挑夫开始挑起沉重的担子行军了。

12月5日，红九军团来到资源县榨油坪，周子昆刚放下担子准备找口水喝，偶然见到毛泽东的夫人贺子珍。贺子珍见到周子昆这个模样也感到惊讶，但没来得及多说几句话就赶忙告诉他："曾玉没有留在江西，后经她自己争取作为编外人员是跟着中央纵队出发的，现在刚刚生下孩子，你赶紧去看看她！"这个消息对周子昆来说真是太突然了，他又惊又喜赶忙跟着贺子珍去找曾玉，只见曾玉虚弱地躺在床上，身边露出婴儿的小脑袋。曾玉看到周子昆之后第一句话就问："子昆，你犯错误了？"

周子昆回答："没有。"

"没犯错误怎么会撤你的职？怎么会让你去做挑夫？"

面对曾玉的责问，周子昆一时不知从何说起，只能沉默。他抱起初生的孩子看了又看，舍不得放下。这时曾玉说："你把他送给老百姓吧……"

周子昆犹豫了一下说："现在孩子太小了，你养几天再说吧。"

曾玉说："你不要犹豫了，我已经想好了，送给谁你自己决定吧，我是不会带着这个孩子行军打仗的。"随后又流着眼泪对周子昆说："你是个党员怎么能不听组织的话呢？还受到了这样的处分？你走吧，今后不要再来找我了……"

望着泪流满面的妻子，听着她的指责，周子昆也是心如刀绞，他知道自己目前的处境，也懂得妻子的难处，但一两句话又难以解释清楚，他明白妻子的意思是在和自己划清界限了。于是便不再犹豫，脱下衬衣，包起孩子回头看向曾玉一眼，还想和她道别，只见曾玉用被子蒙住头，强忍着内心的痛苦，不忍看周子昆和孩子离去的身影。

周子昆抱着孩子走在街道上，正拿不定主意把孩子送给哪一家时，恰巧遇到了李德和翻译伍修权。李德见周子昆一身破烂军装，敞开的怀里抱着孩子，便大声训斥说道：“你不像个军人，在南线不服从命令不修堡垒，造成了南线保卫战的失败，你是最无能的军官，你带领的红 22 师，是最无能的部队！”

周子昆听了伍修权的翻译，忍无可忍，便对伍修权说：“你告诉这个家伙，说我无能我可以忍受，但说我的部队无能我决不能忍受……”但未等伍修权把周子昆的话翻译完，李德便大吼大叫起来，对身边的警卫人员说：“把他给我捆起来，送交军事法庭！”但警卫人员听到李德话后，谁也没有上前动手。正在这个时候，毛泽东、周恩来等几个人走了过来。毛泽东向伍修权问明情况后，就用带有嘲讽的口气对怒气冲冲的李德说：“你别生气，把这个人交给我来处理吧。”李德这才不得不作罢。随后，周子昆把孩子匆匆交到一个老百姓家里，就跟随毛泽东和周恩来等人一起行动。

长征途中的历史转折

1934年12月15日，中央红军主力攻占黎平后，因为博古、李德继续坚持中央红军去湘西同红二、红六军团会合的错误主张，中央政治局在黎平召开会议，进一步讨论了红军今后的战略方向问题。会议上，毛泽东提出现在蒋介石已经在前往湘西的路上布满重兵，我们不能再去自投罗网，应该改变原定的路线，改向敌人防守虚弱的川黔边区转移。朱德、周恩来、张闻天、王稼祥都赞成毛泽东的意见，并通过了《中央政治局关于战略方针之决定》。会后，红军经贵州腹地向黔北挺进，连克锦屏等7座县城，于12月30日占领乌江南岸的猴场。1935年1月1日，中共中央政治局在此召开会议，作出了3项重要决定：一是彻底解除李德对红军的军事指挥权，恢复刘伯承红军总参谋长的领导职务；二是将中央纵队合并到军委纵队，刘伯承任司令员，陈云任政委；三是对部队进行整编，将红八军团并入红五军团共同担负后卫任务。

1935 年 1 月上旬，中央红军分三路渡过乌江后，先头部队于 7 日袭占遵义。红军主力到达遵义后 10 余天未有行动，部队在此进行了短暂的休整。此时，周子昆随军委纵队行动，但没有明确具体的工作单位和职务，因为他的大字写得比较好，就主动和宣传员们一起上街刷写宣传标语，积极开展扩红工作，宣传鼓动青年纷纷报名参加红军，仅在遵义就动员了 4000 多名青年报名参加红军，使红军离开中央苏区后得到一次较大的兵员补充。

1 月 15 日至 17 日，中共中央政治局在遵义红军总司令部驻地，召开了著名的遵义会议，改组了中央领导机构，决定增补毛泽东为中央政治局常委。会后，毛泽东同周恩来、王稼祥组成三人军事指挥小组，负责长征中的军事指挥工作。周子昆听了遵义会议精神的传达后非常振奋，他高兴地对身边人说："有了毛泽东的指挥，我们就可以摆脱被动挨打的局面了。”

遵义会议后，在毛泽东、周恩来等人的指挥下，红军驰骋在云贵川高原上，同围追堵截的敌军周旋，展开了灵活机动的运动战，经过四渡赤水战役后，终于跳出敌军的围堵圈。此时，红五军团参谋长陈伯钧在作战中受伤，周子昆再次回到红五军团担任参谋长。

4 月上旬，中央红军从贵阳、龙里之间突破敌军的阻拦，向西挺进，4 月下旬进入云南，前锋逼近昆明。由于滇军主力东调，时任国民党云南省主席的龙云深恐红军进占云南，急调原来驻守滇北的部队回援昆明。从而使守备金沙江南岸敌军兵力顿时空虚，红军抓住这个时机，开始急速向金沙江挺进。5 月 2 日，红军主力到达金沙江南岸。此时的金沙江，因为南岸的川军控制着大小渡口，为阻止红军过江，先前已将北岸的所有船只掳到南岸。为迅速抢渡金沙江，彻底摆脱敌军的围追堵截，朱德当日电令：红一军团抢占龙街渡；红三军团抢占洪门渡；军委纵队抢占皎平渡；红五军团继续担任后卫掩护军委纵队跟进，保障主力红军过江。

周子昆从电报中看到军委这个部署，知道抢渡金沙江的作战肯定会很激烈，担任后卫阻击的任务也会更为艰巨。他同其他军团领导密切配合，制订了周密的组织计划和备战方案，指挥部队在皎平渡南岸外围构筑工事，从5月3日到8日，多次击退追敌，直到红一、红三军团全部安全渡江。

5月9日，红五军团在掩护红军主力北移金沙江以后，于当夜冒雨向上游急行军80公里，奉命由中屋山北渡金沙江，赶到会理东北地区阻击进犯之敌，掩护中共中央在会理召开政治局扩大会议。就是在这次会议上，中共中央和中革军委决定中央红军立即北上，准备同已离开川陕苏区、渡过嘉陵江的红四方面军会师。周子昆所在的红五军团继续担负左翼后卫任务，他们多次打退敌人的追击和途中的袭扰，掩护军委纵队顺利通过冕宁县彝族地区。5月底，红五军团从泸定桥上跨过了大渡河。

6月下旬，红五军团开始翻越终年积雪的夹

金山，许多生长在南方的官兵从来就没有见过这么大的雪和这么高的雪山，也缺少高原雪地行军的经验，爬累了便就地一坐歇了起来。这时的周子昆因山高天寒，胃病复发，疼痛难忍，但他拄着棍子，拖着疲弱的身体，在风雪中不停地高喊："同志们，不能坐，不能停，走啊，翻过山去就是胜利！"

雪山顶上，空气稀薄，气候严寒，要是一坐下去，很可能就永远起不来了。周子昆带着几个警卫战士，呼叫着，催促着，看见有人坐下了，就赶紧过去把他硬拉起来。直到红五军团人马全部翻过雪山，他们才最后下山。

坚定支持北上抗日的方针

1935 年 6 月中旬，中央红军和红四方面军在懋功会师后，两个方面军的部队进行整编，中央红军恢复红一方面军的番号，并对所属部队编制进行了相应的调整。此时，红四方面军总指挥徐向前考虑到红一方面军在长征途中损失较大，兵员较缺，而干部较多，建议从红一方面军调些干部给红四方面军，再从红四方面军调几个团补充红一方面军，周子昆也由红五军团参谋长改任红军总司令部第一局（作战）局长。

6月26日，中共中央政治局在两河口举行扩大会议，并根据两河口会议的精神，作出《关于一、四方面军会合后战略方针的决定》，确定“集中主力向北进攻，在运动战中大量消灭敌人，首先取得甘肃南部，以创建川陕甘苏区根据地”。但是红四方面军的主要领导人张国焘等人却反对北上的方针，拒不执行军委计划，借口给养困难，反对北上，主张南下，向四川、西康边境退却。同时提出所谓“统一指挥红军”和“调整组织问题”，企图将红军置于自己的掌控之下。在这种情况下，为了红军的团结和北上的战略大局，周恩来辞去红军总政治委员职务，由张国焘接任。7月18日，中革军委发出命令：以中革军委主席朱德兼总司令，张国焘任总政治委员，仍以刘伯承任总参谋长。

7月21日，中革军委决定将红一方面军第一、第三、第五、第九军团分别改为第1、第3、第5、第32军，原红四方面军第4、第9、第30、第31、第33军番号不变。同时决定组织前敌总指挥部，由徐向前为前敌总指挥，陈昌浩为政委，叶剑英任参谋长，统一指挥两个方面军的行动。

8月初，中共中央和中革军委决定：红一、红四方面军混合编组，分左、右两路北上。左路军由红军总司令部率领，以卓克基为中心集结北进；右路军由中共中央、前敌指挥部率领，以毛儿盖为中心集结北进。周子昆随左路军行进。

8月15日，朱德、张国焘率左路军向北进发。在北进的行军路上，周子昆看到张国焘骑着一匹白马，随后还跟着一匹大黑骡子驮着他的日常用品，一路旁若无人，趾高气扬，心里特别反感。21日，左路军攻占阿坝后略作休整，部队在此补充了一些给养准备过草地。30日，左路军部队开始进入草地，来到噶曲河畔，由于连日下雨造成噶曲河涨水，张国焘以无法通过为由，不顾朱德、刘伯承的反对和中央的一再劝告，擅自下令左路军南下返回阿坝。同时，还电令右路军的徐向前、陈昌浩率红四、红三十军南下与左路军会合。

9月10日晨，中共中央得知张国焘背着中央，电令右路军南下，果断率红一、红三军先行北上。在这种情况下，红一、红四方面军在会合3个月后又分开了。

10月5日，野心膨胀的张国焘在卓木碉召开高级干部会议，攻击“毛泽东、周恩来向北逃跑是分裂红军的行为”，公开宣布另立以他为首的“临时中央”，要朱德和刘伯承等人表态，并煽动一些不明真相的人也跟着起哄。面对张国焘这种分裂党和红军的丑恶行径，朱德和刘伯承等人反驳说，日本帝国主义侵占了东三省，现又侵犯华北。我们红军在民族危急关头，应当担当起抗日救国的责任，党中央北上抗日的方针是正确的，南下是没有出路的！明确表达了拥护中央北上方针的坚定立场。

原红一方面军的干部也都很气愤，纷纷表示要同张国焘进行公开斗争。但在张国焘的授意下，红四方面军有人公然威胁朱德和刘伯承等人，声称如果你们再不服从张总政委的命令，就把你们关起来。在这种艰难复杂的处境中，朱德和刘伯承为顾全大局，要大家掌握正确的斗争方法，坚持北上，不要性急，既要团结，又要斗争。周子昆当时正患着肺结核，加上平时胃口也不太好，身体很虚弱，但他也非常坚定地对身边同志们说："我们听从总司令的命令，不要听信张国焘的话，也不要害怕他人威胁，中央提出北上抗日的方针是正确的，北上才有胜利的希望，南下肯定没有出路。我们一定要坚持中央北上的方针，即使战死、冻死、饿死，也要死在北上的路上。"

卓木碉会议后不久，张国焘为了独揽大权，在1936年2月期间，以到部队检查指导工作为名，先把朱德调离红军总司令部。随后下令免去刘伯承红军总参谋长职务，调任红军大学任校长；免去周子昆红军总司令部作战局局长职务，调任红军大学军事科科长；在其他各部的原红一方面军领导人张际春、李井泉、彭绍辉、陈伯钧、曹里怀、郭天民等人也先后被调入红军大学学习。

张国焘这样做就是要让这些人脱离部队，失去领导权和指挥权，把他们变相禁闭起来。

10 月中旬，红一方面军长征到陕北，与陕北红军胜利会师的消息传来后，红四方面军的广大官兵都非常高兴，都在盼望尽快北上，但张国焘却依然坚持南下的主张，按兵不动。

12 月 16 日，中共驻共产国际代表团成员张浩（林育英）从共产国际回到陕北，面对张国焘分裂中共中央和红军的行径，以中共驻共产国际代表团的名义致电张国焘，指出：中央红军的长征胜利了，共产国际完全同意中国党中央的政治路线，劝告张国焘放弃另立的“第二中央”，并对红四方面军的战略行动方针提出 3 个方案：一为北上陕甘，二为就地发展，三为南下转战，指出第一方案是上策。朱德、刘伯承、徐向前、陈昌浩等红军领导人也都主张尽快北上陕甘，寻求与红一方面军会合。

这时因南下途中几次作战失利，红四方面军损失也比较严重，广大指战员强烈要求北上与党中央会合，加上共产国际明确肯定中共中央的路线和方针，张国焘只好同意北上，率领红四方面军第三次过雪山草地，但依然不肯放弃他的“第二中央”。

力促红军三大主力会师

1936年4月27日，贺龙、任弼时率领的红二、红六军团千里转战，渡过金沙江，在红四方面军第32军的策应下，于7月1日与红四方面军在甘孜会师。红四方面军随即将红三十二军调给红二、红六军团。随后，红二、红六军团改为红二、红六军，与红三十二军合编为中国工农红军第二方面军，贺龙为总指挥，任弼时为政治委员。

在此期间，回到陕北的中共驻共产国际代表张浩，以共产国际的名义多次致电张国焘，劝告其放弃另立的“第二中央”。朱德、刘伯承和贺龙、任弼时等人也团结一致，反对张国焘的分裂主义，与他展开说理斗争。红军广大指战员对张国焘分裂党和红军的行为也表示强烈不满，纷纷要求继续北上。在这种情况下，张国焘被迫于1936年6月6日取消了自己的“中央”，同意率红四方面军与红二方面军共同北上。

7月1日，红二、红四方面军领导人在甘孜召开会议，朱德宣布了红二、红四方面军北上部署：红四方面军分左、中、右三路纵队北上；红二方面军随右路跟进。周子昆回总司令部继续担任作战局局长，随朱德行动。

根据甘孜会议的决定，7月2日，徐向前率中路纵队从炉霍地区出动，向包座前进；7月3日，朱德与张国焘、任弼时率左路纵队由甘孜出发；7月中旬，右路纵队由红五军军长董振堂率领北上，红二方面军随右路跟进。

经过1个多月的艰苦行军，红二、红四方面军三路纵队克服了多种困难，于8月上旬先后到达川西北的巴西、包座地区。这时，党中央为策应红二、红四方面军北上，令红一方面军主力组成西征军，在聂荣臻、左权率领下，西向静宁、隆德地区运动。三个方面军形成南北呼应，夹击胡宗南集结在静宁、会宁之敌，实现三个方面军会师的有利态势。

经过1个多月的准备，9月18日晚，朱德和张国焘、陈昌浩经过商定，联名在漳县的红四方面军前敌指挥部，发布《通（渭）庄（浪）静（宁）会（宁）战役纲领》并上报中央：

红四方面军在胡（即胡宗南）敌未集中静宁、会宁以前，相机占领静、会及通定西大道，配合红一方面军在运动中夹击该大道上之胡敌与静宁之骑七师，相机占领静宁，争取与红一方面军会合为目的……

就在朱德带着周子昆等人回到红军总部，部署各部队的北上行动时，张国焘却带着他的警卫队回到漳县红四方面军前敌指挥部，并没有传达北进的指示，却私自提出西渡黄河，抢占永登、红城子地区作立足点的方案，并且不经朱德同意就发出部队停止北进、掉头向西的命令。同时他还命令红军总部通信部“所有未经过我签字的电报一律不准发出”，企图切断朱德与党中央和各方面的联系。

朱德得知这一突然变化的情况后，对张国焘的出尔反尔极度不满，当即找来周子昆商量挽救措施。在9月22日凌晨致电张国焘：

静、会战役各方面均表赞同，陕北与二方面军也在用全力策应，希勿失良机，提议在漳县再开西北局会议，续商大计。

同时，朱德电告党中央并红二方面军主要领导：

……甲、西北局决议通过之静、会战役计划，正在执行，现又发生少数同志不同意见，拟根本推翻这一原案。乙、现再将西北局同志集中漳县续行讨论，结果再告。丙、子昆、我是坚决遵守这一原案，如将此原案推翻，我不能负此责任。

朱德在这封电报中特别指出“子昆、我是坚决遵守这一原案”，是对周子昆坚决支持北上、力促三大红军主力会师的充分肯定。向党中央发出这封电报后，天亮时分，朱德便和随行人员骑马奔向漳县参加西北局会议，但张国焘把持会议，蛮横地否定朱德的正确意见，继续坚持西进方案，并立即命令红四方面军先头部队向洮州进发，准备在兰州以西的永靖、循化一带西渡黄河，进入甘肃西北部。

由于此时黄河对岸已进入大雪封山的季节，气候寒冷，道路难行，渡河计划难以实现。在此情况下，张国焘只好放弃西进的主张，于26日发电表示尊重中央北上的意见。

9月27日，中共中央命令红四方面军停止西渡，并指出："我一、四方面军合则力厚，分则力薄，合则宁夏、甘西均可占领，完成国际所示任务；分则两处均难占领。"随后中央又来电指出："四方面军现有充分时间进入隆静会大道，敌无阻止可能。"这样一来，张国焘再没有拒绝北上的借口了，于9月30日带领红四方面军分五路纵队，自岷州、漳县等地向北进发。

10月2日，红一方面军前来接应的部队占

领了陇东的会宁城，开始等待红四方面军的到来；10 月 9 日，周子昆随同朱德带领红军总部到达会宁；10 月 22 日，红二方面军在贺龙、任弼时等率领下，也胜利到达静宁以北的将台堡，同红一方面军接应的部队会师。至此，红一、红二、红四方面军完成了举世瞩目的二万五千里长征，实现了三大主力会师陕北，中国革命开启新的局面。

05 战斗在新四军

相聚在宝塔山下

1936年11月12日，周恩来代表中共中央赶到河连湾，迎接红二、红四方面军。月底，周恩来和朱德、刘伯承、周子昆等红军总司令部的人员一起抵达陕北保安（今志丹县），同党中央会合，受到党中央和苏区人民的热烈欢迎。

朱德向党中央和毛泽东汇报了分离后的情况和同张国焘斗争的经过。毛泽东对朱德、刘伯承等同张国焘的斗争给予高度评价，说他们斗争得有理有节，“临大节而不辱”，“度量大如海，意志坚如钢”。在此期间，周子昆作为红军总部的作战局局长，一直站在总司令朱德和总参谋长刘伯承的身边，抵制张国焘的分裂党和红军阴谋，赢得了红军总部领导的信任，在三大红军主力会师后，继续担任红军总部作战局局长。

12月12日，东北军将领张学良和西北军将领杨虎城，为劝谏蒋介石改变“攘外必先安内”的政策，停止内战一致抗日，在临潼扣留来陕督战的蒋介石，发动了震惊中外的“西安事变”，提出抗日救国八项政治主张，逼蒋抗日。12月25日，在中共中央和周恩来等人的努力下，蒋介石接受“停止内战，联共抗日”等六项主张，为“西安事变”的和平解决奠定了基础。

12月底的一天，曾任红九军团政委的何长工听说周子昆可能要离开延安，跟随周恩来去西安参加与国民党的谈判。他一急便去向毛泽东汇报了周子昆与何子友已经准备结婚的事，问可否在周子昆离开延安前让他们把婚事办了。

毛泽东听后高兴地说：“周子昆要结婚的事你不说我还真不知道，你甭管周子昆的工作有没有调动，也甭问他什么时候离开延安，也不管他将来是延安人还是西安人，我们现在就把他的婚事给办了，而且明天就给他们办，办他一个喜事临门，让他措手不及。”

第二天正值年末岁初，周子昆和何子友在延安的一个窑洞里举办了简单的婚礼。毛泽东、周恩来、朱德等20多位中央领导人和军政首长前来道贺。何子友从未见过如此场面，胆怯地躲在房间里不敢出来，还是周子昆走进窑洞把她给“请”了出来，与大家行了见面礼。

随着一阵阵热烈的掌声，毛泽东挥了挥手风趣地说：“值此鼠年收尾之末，牛年初始之时，也是我们两位经过长征的红军老战士新婚大喜之日，诸位嘉宾在此欢聚一堂，推我为新郎新娘致贺词，我就不客气了。他们的名字中都有一个‘子’字，这就是两子有缘。现在我代表各位来宾向新郎周子昆、新娘何子友表示真诚的祝贺，愿他们携手并进，为中国人民的解放事业、为千百万劳动人民的幸福而奋斗到底！现在，我给新郎新娘各送一支钢笔作为纪念。”随后，有人提议：“先请周子昆、何子友同志一起唱一支歌，我们大家举杯庆贺。”

周子昆早在“叶挺独立团”时就经常教士兵唱歌，何子友在红四方面军时也是唱山歌的高手，两人一拍即合，随即合唱了一首《八月桂花遍地开》，两人高亢明亮的歌声博得了大家热烈的掌声。接下来，婚宴正式开始。酒，是当地土窑酿造的一坛高粱酒；菜，是几盘红烧猪肉，几盘清炖萝卜，几盘炒青菜和几盘腌辣椒、拌辣菜。一切都是那么简单、那么自然，没有海誓山盟，没有诗情画意，也没有幔纱红烛，但他们的窑洞婚礼，却让何子友终生难忘。

他们婚后不久，何子友从妇女独立团调到延安被服厂任党支部书记，组织和领导职工在困难条件下生产军需用品，为保证部队被装供应作出了贡献。他们各自的工作仍是那么忙碌，生活也很清苦，但却十分和谐美满。周子昆很会讲故事、说笑话，便把他从刘震寰的桂军到孙中山大元帅府铁甲车队、从北伐战争到南昌起义、从井冈山到中央苏区等，一路转战的艰辛和曲折过程讲给何子友听。何子友也把她年少习武和在妇女独立团摸炮楼、抓“舌头”和“山大王”比武等故事讲给周子昆听。有时讲到精彩处，引得两人哈哈大笑，竟然把临近窑洞的邻居都笑醒了，还向他们提出了“以后不准半夜傻笑”的“抗议”。何子友在周子昆的帮助下，文化知识有了很大提高，不久就可以自己写信读报了。

1937年2月底，红军总参谋长刘伯承任援西军司令员，红军副总参谋长叶剑英作为中共代表之一同周恩来赴西安参加谈判，中革军委决定由红军总司令部作战局局长周子昆代理总参谋长，负责红军总司令部的日常工作。同年4月，周子昆被派入抗大高级指挥员队学习，他到抗大学习是既当学员又兼学员队长，因此，他除自己要刻苦学习外，还有组织领导其他学员学习的任务。原红一军团第2师师长杨得志，在学习期间领受了毛泽东主席给他的一个任务，要他给学员们讲讲如何开展游击战。杨得志认真准备了好几天，终于写出了一个讲稿，但是总感觉不满意，就去请教队长周子昆帮忙给看看，提出修改意见。有一天晚饭后，杨得志来到周子昆住的窑洞说明来意，周子昆立即放下手头的工作，高高兴兴地同他一起研究起来。周子昆运用丰富的军事知识和实战经验，热心地帮助杨得志把游击战的经验整理得有条有理，杨得志讲授后，受到学员们的一致好评。

7月初，中央军委任命周子昆为抗日军政大学训练部部长。周子昆从1924年起就一直在革命队伍中战斗，身经百战，不仅带兵打仗经验丰富，而且十分重视战略战术的研究，办学也很有经验，组织任命他担任抗大训练部部长是非常合适的。7月14日，军委发出加强抗日教育的命令，提出："军事训练要着重山地战斗、夜间动作、袭击战斗、防空技术、长途行军、无后方作战等项"的要求。周子昆立即调整原来的计划，和训练部的工作人员一起，研究修改和制定了新的教学方案，把军委的命令落到教学的实处。为尽快让学员深刻理解命令精神，周子昆让工作人员及时刻印出来下发给每个学员，他还亲自到学员中进行宣讲，为红军将士迎接即将到来的抗日斗争作好思想和军事准备。

8月下旬，根据国共两党达成的协议，主力红军改编为八路军奔赴抗日前线作战，为加强抗大教学的实践性和针对性，周子昆给接替他工作的军委一局局长郭化若打电话说：“现在抗大教学急需我们八路军抗战的战例，希望你能尽快给我们提供一些这样的资料。”郭化若当即答应，随后便把平型关、阳明堡等战役战斗的有关资料情况转给了抗大。周子昆及时把这些战例整理、汇集成教学参考资料，以生动鲜活的事例，对学员进行教育和指导，收到了显著成效。

参与组建新四军

1937 年 10 月，在南方八省（琼崖地区除外）坚持 3 年游击战争的红军和游击队改编为国民革命军新编陆军第四军。新四军成立后，叶挺任军长，项英任副军长（实为政治委员），张云逸任参谋长，袁国平任政治部主任，周子昆任副参谋长，邓子恢任政治部副主任。

调周子昆到新四军工作，毛泽东早有考虑。11月初的一天，毛泽东找周子昆谈话：“根据西安事变达成的协议和抗战形势的发展，我们党在南方领导的人民武装将统一改编为国民革命军新编陆军第四军，准备调你担任这支部队的副参谋长。你是叶挺的老部下，是铁军的元老，跟项英、陈毅他们在中央苏区也早已认识了，你去与他们搭档是最合适的人选。这个副参谋长的重要任务之一，就是要坚决贯彻中央的意图，保证新四军工作的正常进行，我相信你的忠诚与能力。你从现在起就要一边学习，一边准备，认真研究江南敌占区的情况。”周子昆当即表示坚决服从组织的命令和工作调动。

几天后的一个傍晚，何子友下班回家时看见门口站有几个警卫人员，一问才知道是毛泽东来找周子昆谈话。何子友进屋后向毛泽东问好，她见屋子里有些冷，便赶紧把火盆烧旺起来。毛泽东在火盆旁习惯性地又点燃一支烟，整个窑洞里烟雾腾腾。原来毛泽东是在和周子昆商谈拟调新四军军部人员的干部名单，思考新四军军部

组建的工作。谈到高兴时，毛泽东突然招呼警卫员去他的住处拿来纸笔，为周子昆题写了一首他在 1935 年 10 月所作的《七律 · 长征》。书罢又题了两行小字："丁丑年冬日书赠子昆同志以壮行色毛泽东"。毛泽东的这幅书法，周子昆视若珍宝，他在后来离开延安到新四军工作时，反复叮嘱何子友一定要保存好。

就在毛泽东和周子昆这次谈话不久，叶挺、项英先后赴延安，向中共中央汇报新四军集中编组的有关问题。时在抗大工作的周子昆得知后非常兴奋。他根据毛泽东的安排专门去他们住处看望。叶挺、项英和周子昆在一起战斗多年，相互十分了解，他们对多年浴血奋战之后能够重逢感到庆幸。叶挺、项英也很希望周子昆能参加新四军的创建工作。

1937 年年底，周子昆率中共中央派往新四军军部工作的干部 30 余人准备离开延安，奔赴华中抗日前线。为使周子昆工作方便，军委三局还专门给他配了一部 15 瓦的电台。临行前，军委主席毛泽东和陕甘宁边区政府主席林伯渠、秘书长谢觉哉等人，专门到周子昆住处送行，并和周子昆合影留念。随后，周子昆和毛泽东等人一一握手告别。最后周子昆向毛泽东等人敬了一个军礼，便登车远行了，但他没有想到这会是他生前向毛泽东等人致敬的最后一个军礼。

1938 年 1 月 3 日晚，周子昆率 30 多名干部经西安乘火车到达武汉，与在那里进行筹建工作的军长叶挺、副军长项英、参谋长张云逸会合，受到他们的热烈欢迎。他所带来的一部分干部，随即充实到正在筹建的新四军军部机关各部门。

1 月 4 日晚，叶挺军长由汉口赴香港，负责购买新四军备用的武器装备和通信器材等；周子昆和项英、张云逸一起，率领新四军军部人员从汉口沿长江顺流而下，经九江转乘火车，于 6 日晨到达南昌车站，进驻新四军军部驻地——三眼井高升巷张勋公馆。

新四军军部机关在南昌刚安顿下来，副军长项英和参谋长张云逸等分别到赣粤边、湘赣边等游击区动员游击队集中编组，同时有从福建、广东、赣南等游击区来的人员找到军部询问情况，周子昆负责留守军部同副官处的干部一起热情欢迎他们的到来，安排他们的食宿。尽管当时军部条件很差，缺这少那，但军部的工作人员和大家都挤在一个地铺上，有时人多的时候甚至两个人合盖一条被子，虽然正值寒冬腊月季节，但屋内点燃几个大火盆，使各地赶来的战友们都感到很温暖。

为扩大新四军的影响，便于与各方面联系，周子昆亲笔起草发布了新四军军部移驻南昌的启事，以广告的形式刊登在当年 1 月 28 日、29 日中共长江局在武汉出版的《新华日报》第一版上："前驻汉口大和街的军部已移驻南昌，一切公文、信电请迳投南昌三眼井军部。"

周子昆为充实军部机关部门尽快展开工作，根据当时军部机关人员，有的是从军委总部和"抗大"抽调来的，有的是叶挺带来的亲属或故旧，有的是招收来的知识青年和报务、机务、医务人员等。他和机关各部门负责人反复研究，从增强团结、共同对敌出发，及时将人员安排好，明确分工，履行职责。

2月11日，军长叶挺从武汉来到南昌；副军长项英在赣粤边游击区动员集中编组后也来到南昌。当晚，军机关为欢迎叶挺、项英来到军部举行军人大会。由于参谋长张云逸在湘赣边尚未回来，会议由周子昆主持。他首先对为组建新四军而奔波的叶军长、项副军长风尘归来表示亲切的慰问和热烈的欢迎；又在讲话中介绍了叶挺、项英的光荣事迹，要求军部全体人员在叶、项首长的领导下，团结协作，加速部队的编组和集中，争取早日开赴抗日前线，打击日本侵略者。

2月13日，叶挺军长在南昌主持召开会议，听取周子昆和参谋处长赖传珠汇报部队编组、集中情况和亟待解决的问题。周子昆在谈到经费困难的情况时说："目前国民政府每月拨给我们的经费只有6.5万元，据军需处计算，除军部和直属队外，各支队每月就需要9.65万元。目前所需经费严重困难，应要求国民政府增加所需拨款。"

听取了周子昆的汇报，同时鉴于部队集中后的驻地及增加经费等问题亟待解决，叶挺和项英当即决定：叶挺和参谋长张云逸率第1支队司令员陈毅、军部秘书长李一氓一起去皖南屯溪（今黄山市），找第三战区司令长官顾祝同解决新四军武器装备和经费下拨的问题；项英和周子昆在军部组织参谋处研究第1、第2、第3支队到岩寺集结和第4支队在皖中、皖西集结的问题，下达了集结的命令并规定了各支队的行进路线。

3月28日，项英和周子昆率军部参谋处、副官处等部门的部分人员，乘两辆汽车率先抵达岩寺设营，确定军部机关和直属部队驻岩寺镇，叶挺、项英、参谋长张云逸等军部领导人住该镇金家大院内；第1支队驻潜口；第2支队驻琶塘、琶村；第3支队驻西溪南、砖桥。此后，在参谋长张云逸的直接组织下，周子昆和参谋处长赖传珠等人每天都紧张地围在军事地图前，认真观察各路游击队向岩寺地区集结情况，在部队移动途中实施不间断指挥。

4月上旬，第1、第2、第3支队陆续进到岩寺地区集结后，周子昆先后陪同叶挺、项英、张云逸等新四军首长到各支队营地看望慰问。当到达第2支队见到粟裕时，周子昆告诉粟裕：

“毛泽东主席对红十军团在皖南（指怀玉山）的失败和方志敏等人的牺牲很痛心，十分记挂你们后来的情况。在我离开延安时，还特意让我寻找你的下落，让我代他问候你们。”粟裕听后感动地说：“我也是多么想到延安看看主席呀！皖南（指怀玉山）虽是红十军团流血牺牲之地，但今天我们在这里集结，一定会重振旗鼓，夺取新的胜利！”

4月20日，国民党第三战区点验委员分两组抵达岩寺，在周子昆和参谋长张云逸等人的分别陪同下，详细点验了新四军皖南部队。根据这次点验的详细数据，新四军全军1.0329万人，枪6200余支。

部署新四军挺进华中

新四军主力在皖南集结后，蒋介石为限制新四军力量的发展并实施其借刀杀人的阴谋，规定新四军只能在长江以南的高淳、溧水、金坛之线以北，丹阳、镇江之线以西，东西不过 100 公里、南北仅为 60 公里的狭小地带活动，不得越界。蒋介石的这一规定，明眼人都能看出其险恶用心。为扩大华中抗日根据地，毛泽东来电指示："目前最有利于发展的地区还在江苏境内茅山……必能建立根据地，扩大新四军基地。"新四军首长根据毛泽东指示，决定组建一支先遣部队先期深入敌后开展游击战争，进行敌后作战略侦察。

1938 年 4 月 28 日，新四军首长叶挺、项英、张云逸、周子昆和刚刚到任两天的政治部主任袁国平等人参加先遣支队出发欢送仪式。先遣支队由粟裕任司令员兼政委，抽调各支队的战斗骨干和侦察人员加入，共 400 余人，战斗力很强。为保证先遣队同各方面的联系，周子昆按照军首长的指示要求，主持协调第 2 支队电台中队长江如枝和军部无线电台通信大队报务员廖辉带一部电台随同行动。随后，第 1、第 2、第 4 支队在大江南北迅速展开，向苏南、苏皖边、皖中敌后挺进；第 3 支队也进至皖南沿江抗敌前线，对日开展游击作战。

5 月 12 日，新四军第 4 支队在安徽巢县蒋家河口首战告捷，揭开了新四军挺进华中敌后开展抗日游击战争的序幕。此战击毙日军 25 名，缴获 10 余支枪和 1 面日军军旗，新四军无一人伤亡。蒋家河口首战告捷的喜讯，通过无线电波报到新四军军部。根据参谋长张云逸的指示，周子昆亲自起草电报，以参谋处的名义立即向武汉中共长江局并延安总部和国民党第三战区报告。5 月 15 日，《新华日报》刊登了这一胜利消息。蒋介石也于 5 月 16 日给叶挺、项英发来祝贺的电报："隐电悉。贵军 4 支队蒋家河口出奇挫敌，殊堪嘉慰。"

6 月 17 日，先遣队在镇江西南 15 公里处的韦岗（今镇江丹徒区境内）设伏，毙伤少佐土井、大尉梅泽武四郎以下日军 20 余名，击毁汽车四辆，缴获长短枪 20 余支，还有日军军旗、日钞、钢盔等军用物品一批。这是新四军在苏南开展抗日游击战争的开端，极大地鼓舞了苏南人民的抗日热情。

项英在 6 月 23 日致陈毅的信中，对此战给予高度评价："先遣队的确起到了先锋作用，奠定了我们在江南发展和胜利的基础，我们正在全军表扬，号召全军学习。"蒋介石对此战也向叶挺发来贺电："所属粟部，袭击卫（韦）岗，斩获颇多，殊堪嘉尚。"

至8月中旬，在新四军成立不到百天的时间里，各支队主动出击，先后取得新丰、新塘、句容县城、珥陵、小丹阳、永安桥、江宁、当涂、禄口等大小百余战胜利，共计打死打伤日伪军近7000名，俘虏900多名，缴获枪支2000余支，击毁日军汽车190多辆、汽船9艘。由此打开了江南抗战的新局面，新四军名声大震，队伍迅速扩大。

其间，何子友由延安辗转来到新四军军部和周子昆团聚，不久军部进驻云岭，何子友任新四军军部女生大队协理员。她在布置新家的时候，特意把毛泽东在延安书写的《七律·长征》的这幅字找人裱好，端端正正地挂在居室的墙上，周子昆看到后非常高兴。有人问周子昆这幅字的来历，他就故作神秘地说："主席的这幅字是我家最美的风景，欢迎大家来欣赏！但背后的故事只有我知道。”

11 月的一天，原红九军团团长罗炳辉来到新四军任第 1 支队的副司令员，到军部报到的那天，罗炳辉在参谋长张云逸的陪同下来到参谋处看望周子昆等老战友，周子昆对罗炳辉的到来感到非常高兴，虽然过去的老首长现在变成了他的下级，但他对老首长的尊重和热情仍如当年，主动热情地向罗炳辉介绍了新四军的情况。

随着挺进敌后开展游击战争并取得的一系列胜利，使新四军在皖南的影响和声威越来越大。皖南在华中的战略地位也变得重要起来，成为华中的抗战基地，并能够与江北（皖中、皖东、苏中）以至华北各地区形成战略上的相互配合。因此，国共两党都很重视皖南。在新四军进入江南前，日军华中方面军司令部认为华中后方很安全，所以在常州、镇江、南京、当涂到芜湖等这些重要的城镇，只驻扎两个联队。新四军进入华中敌后战场，迫使驻防江南的日军增加到 3 个师团，起到了牵制华中日军的作用。

执行向北发展的战略方针

1939年2月，周恩来受中共中央委托，到皖南新四军军部检查指导工作，周恩来在周子昆的陪同下，专程到中村视察和检阅了新四军教导总队。

周恩来在这次视察中对周子昆说："看了你们教导总队，我就想起了我们当年在红军、在抗大办学的情景。但那时我们的办学条件有限，都是土造的，不是正规的。现在国共合作共同抗战了，我想把你调到成都军校去学习一段时间，你愿不愿意？"

周子昆当即表示愿意。

周恩来说："让你到成都去学习，除了在军事上可以开阔眼界，得到进一步的提高，更重要的是，你要在军校开展统一战线工作，在军校把我们党的组织建立起来。抗战以来，许多热血青年、

进步学生考进了军校，我们要争取他们，把他们变成我们自己的力量。”

随后，周恩来便打电报向党中央、毛泽东报告此事，延安也回电批准了。对此，周子昆非常高兴，便开始等待军部对他去成都学习的最后决定。后来由于新四军军部工作的需要，周子昆到成都军校学习的愿望没能实现，但他没有怨言，依然全身心投入工作。

周恩来在新四军云岭军部待了 19 天，根据新四军面临的实际情况和从团结抗日的大局出发，他提出了新四军发展的三个原则：“一、哪个地方空虚，我们就向哪个地区发展；二、哪个地区危险，我们就到哪个地区去创造新的地区；三、哪个地区只有敌人、伪军，友党友军较不注意没有去活动，我们就向哪里发展。这样可以减少摩擦，以利抗战。”根据这三个原则，周恩来与新四军领导人最终商定新四军的战略方针是：“向南巩固，向东作战，向北发展”，重点是向北发展。经上报中央后，很快得到中共中央的批准。

周恩来离开皖南后，新四军领导人认真学习

贯彻党中央、中央军委批准的“向南巩固，向东作战，向北发展”的方针。周子昆和参谋长张云逸组织司令部机关多方研究，提出具体的落实方案并报经党中央、中央军委批准实施。

一是组建新四军江北指挥部。军参谋长张云逸兼任指挥，统一领导第 4 支队、新建第 5 支队及江北游击纵队；成立中共新四军江北指挥部前委，张云逸任书记。二是扩建第8团、挺进团（后改为第 10 团）、第 15 团和教导大队。三是调整第 4 支队部分编制和领导人员，辖第 7、第 9、第 14 团，开辟以定远县藕塘镇为中心的津浦路西抗日根据地。

根据这一实施方案，4 月下旬，叶挺军长去组建江北指挥部，为加强江北指挥部的领导力量，项英派出了军政治部副主任邓子恢、军部参谋处长赖传珠和军机关一批科长和参谋人员，随叶挺去江北工作。从军机关一下子调走了那么多骨干，军部司令部机关的工作肯定会不同程度地受到影响，但周子昆以发展大局为重，积极支持组织的决定，自己只有加倍努力工作。

5月中旬，江北指挥部正式成立，张云逸兼指挥，徐海东任副指挥，邓子恢兼政治部主任，赖传珠任参谋长，军机关随去的干部均成为江北指挥部机关的骨干。江北指挥部各部队，一面开展游击打击敌人，一面协助中共地方组织发动和组织群众，发展党的组织，开展建立江北抗日根据地的各项工作。

8月，第2支队司令员张鼎丞当选为中共党的七大代表已赴延安，为便于作战指挥，周子昆根据叶挺、项英指示，负责组织协调将第1、第2支队领导机构调整合并，组成江南指挥部。11月，江南指挥部正式成立，由第1支队司令员陈毅任指挥，粟裕为副指挥，统一领导苏南地区的抗日斗争。

办教导总队抓干部培养

在周子昆离开延安，前往南昌筹建新四军

军部前，毛泽东曾和他谈话，并指出：新四军是由南方各路游击队合编组成，它的政治基础要比八路军薄弱得多，党员人数的比例要少，你办过军校有经验，到新四军后要重视抓好干部的培养，更好地推动发展壮大部队和抗战任务的完成。周子昆牢记毛主席的指示，到新四军后积极抓好干部的培养工作。

早在1938年1月，新四军军部刚移到南昌时，周子昆就积极向参谋长张云逸建议，并报叶挺、项英研究决定：为培养各游击区的干部，提高他们的战术、技术水平和管理、领导能力，以适应抗日游击战争的需要，急需开办教导队，为新四军将来的发展壮大培养大批干部。项英便把这项工作委托周子昆全面负责。

经过紧张的准备，新四军教导队第一期于2月15日就顺利开学了，首期开设军事、政治各一个队，学习4个月。周子昆一边组织教学，一边亲自授课，指导操练。学员们联系实际，刻苦攻读革命理论，研究战术技术，苦练杀敌本领，学习管理方法，为返回部队带兵打仗作好充分准备。这一批学员后来均成为部队建设的骨干力量。

1938年4月中旬，新四军军部在皖南岩寺点验后，确定将教导队改为军部教导营，下辖3个连，学员300余人。周子昆负责教导营的全部工作。为方便管理，教导营随军部移驻泾县境内。随着抗战局势的发展，新四军接连取得胜利，影响不断扩大，上海、南京、杭州、宁波等沦陷区投奔新四军的爱国青年与日俱增，加之部队的发展壮大和抗日根据地的开辟都需要干部，现有干部也需要轮训提高，周子昆和新四军领导人愈加感到加强干部培养的重要性。同年7月，经军分会和新四军委员会研究，确定将教导营扩建为教导总队。

1938年8月，经中央军委批准，新四军教导总队正式成立，时任军副参谋长的周子昆兼任教导总队总队长，军政治部主任袁国平兼任教导总队政治委员，下设军事大队和政治大队，各辖3个队，总队部直辖青年队、女生队、营团队（也称上干队）、文化队、机炮队、工兵队，最多时达13个队，有1200多人。其中女生队共有100多人，她们都是有知识的热血青年，抗日热情高涨，学习刻苦努力，军事操练认真。为了扩大新四军对外影响，周子昆在教学中，给予了这些女学员格外的尊重和照顾。

1938 年 11 月，美国著名记者、作家和社会活动家艾格尼丝·史沫特莱女士来到皖南新四军军部驻地云岭采访时，周子昆在向史沫特莱介绍了新四军利用战斗间隙进行训练、培养干部等方面的情况时，特别介绍了这些女学员为抗战救国，抛弃优裕的家庭生活，投身抗战血火的感人事迹。史沫特莱听了很感兴趣，很快来到这个队采访，并将她们持枪操练的情景拍成照片，寄往国外宣传新四军女战士的风采。史沫特莱在采访中得知女学员洗澡难，特意拿出在国外的部分稿费为女同志修建了浴室。周子昆对史沫特莱关心新四军的友好情意表示感谢，亲笔写了感谢信，赞扬了她对中国人民抗战事业给予的无私援助。

在周子昆和袁国平的领导下，新四军教导总队成为一座革命的熔炉，被誉为“南方抗大”。经教导总队培养的大批新干部充实部队后，增强了各部队的战斗力。从 1938 年 1 月到 1941 年 1 月皖南事变，历时 3 年，在教导总队学习和工作过的新四军各级干部有 4000 多人，他们对新四军的建设和发展，以至对华中各个抗日根据地的开辟和巩固，发挥了重要作用。

1939 年春，周恩来在新四军视察期间和陈毅的谈话中提到：新四军里的知识分子比较多，他们年轻有文化，也爱好体育活动，新四军应该注重根据这些年轻人的特点，抓好文体活动。你看在延安《黄河大合唱》《战斗在太行山》吸引了很多青年知识分子投身到抗日队伍中来。陈毅听后很受启发，就对叶挺、项英提出新四军应有一支雄壮的军歌。叶挺和项英都很赞成陈毅的意见，并委托陈毅写词。陈毅接到这个任务后抓得很紧，在返回苏南司令部后，利用战时的休闲时间写出了《十年》这首歌词初稿，3 月底派人送到军部。

收到陈毅的《十年》这首歌词后，军领导非常重视，项英、袁国平、周子昆、军部秘书长李一氓和军政治部宣教部长朱镜我、秘书处长黄诚等一起进行了认真讨论和修改，将原来三段歌词改为两段，把原来国民革命军第四军、中国工农红军第四军和新四军三个“四军”的丰富斗争实践，融合在一起，用“光荣北伐武昌城下，血染着我们的姓名；孤军奋斗罗霄山上，继承了先烈的殊勋”，叙述了新四军的光辉历史；用“扬子江头淮河之滨，任我们纵横地驰骋；深入敌后百战百胜，汹涌着杀敌的呼声……东进，东进，我们是铁的新四军！”点出了新四军的奋斗目标，从而使文字更加精练，更加突出新四军挺进华中抗战和向敌后发展的主题思想。军部秘书长李一氓将集体修改的情况，向从江北巡视回来的叶挺军长作了汇报，受到叶挺的高度肯定和赞同。最后形成了陈毅原词、集体改词的《新四军军歌》歌词。6月下旬，陈毅将《新四军军歌》歌词交由教导总队文化队队长、作曲家何士德谱曲。何士德谱完后，先是在军部机关教唱，并很快在部队传唱开来。随后，《新四军军歌》迅速传唱大江南北，成为鼓舞新四军和华中抗日军民奋勇杀敌的雄壮战歌。

家国情怀赤子心

国共第一次合作失败后，周子昆的名字已经在国民党那里挂上了号，是重点通缉抓捕的共产党人之一，他怕连累家人遭受敌人的迫害，便改名再未主动与家中联系。1937 年年底，他看到国共两党再次合作局势好转，便在南昌参与筹建新四军军部期间，主动与家中恢复了联系。

“烽火连三月，家书抵万金”，周子昆 10 多年与家中没有任何联系，生死未卜，家人对他非常担心，特别是年迈的老母亲，更是为周子昆的安危担惊受怕，积忧成疾，卧床不起。二弟周维敏接到周子昆的家信后，喜出望外，遵照老母亲的要求，立即从桂林赶到南昌来看望他。兄弟俩相别十余年，见面有说不完的话，他们相互叙谈了别后多年的情况，得知他牵挂的母亲还健在，周子昆非常欣慰，便拜托弟弟务必要替他尽孝。

他们兄弟两人在南昌短暂相会便匆匆分别，周子昆又立即投入到紧张的战斗生活中。没想到这一分别后，他又与家中断了音信，虽然牵挂着远在桂林老家的母亲和亲人们，但面对大半个中国沦陷，从广西桂林到皖南，相隔大半个中国，两地的通信也变得非常不易。直到1940年7月底，他终于收到弟弟维敏寄来的信，随后，周子昆用原名维宽，给老母并维敏、维惠两弟和秀容、少英两弟媳写去两封长长的家书共7000余字，托请由皖南赴桂林的朋友杨先生带回转交家人。这两封家信字写得一丝不苟、整整齐齐，充满忠孝两全的家国情怀，读后令人感动。

周子昆在信中写道："……敏弟5月1日写的信是从贵县寄出，7月23日收到，由于当时政局愈趋逆转，沿途交通检查，致使在路上走了72天才收到，就难免使内容成为旧闻了。读到弟弟信后的心情，像旱天遇雨、溺水遇救那样。今知母亲肺病甚重甚急。现托杨先生捎去自己积存的银圆二十元，供母亲治病之用……"

碍于母亲年高，周子昆在信中特向两个弟

弟和弟媳提出家事的处理办法和四点希望要求：一是，周门虽穷，但家庭是光荣的，今天是光荣的，将来更是光荣的。我们这一代没有出贪污官僚和军阀，三兄弟都在为国家民族和人类解放艰苦奋斗着。二是，希望兄弟和弟媳要珍惜荣誉，振奋精神，自觉约束自己，要努力于革命事业，才是做孝子的思路与实际步骤。希望两个弟弟和弟媳，担负起建设家庭、复兴家庭的重任。希望他们经常与他保持联系。要好好侍奉老母，使她延年益寿。三是，老母一生伟大爱子，为周门争了光荣，要好好侍奉她。我尚有存款 200 元，原准备资助惠弟结婚用的，要设法汇回备用。日后他每月发 4 元钱，会省着用，将余款汇回。四是，两个弟媳不怕周家贫苦，愿意与周家同甘共苦，要搞好夫妻团结，共同担负建设新家庭的任务；同时委托她俩监督丈夫侍奉老母，当前第一等的任务是照顾患病的老母，与丈夫为复兴家庭而奋斗。

由于此前他给家中的前两封信没有收到回音，其间又得知日军对桂林进行大规模的轰炸，周子昆不知道家中人的生死安危，心中充满疑虑和挂念。因此，在1940的10月，他又写了这样一封家书：

老母并告维敏、维惠两弟：

寇机轰桂，我早已在朋友、同事的信中详知一切，特别是肖正岗先生不辞劳苦克服困难竟找到了老母，告诉了我家庭被寇机毁灭的惨状，而两弟则全无告诉我欲知而不能的家情，甚至在多次写信请求你们告一个大概情况，亦未见答复。家庭大事，谁不着急，谁能安心呢？故每夜静思，常因思索神经错乱，想着与判断着：其原因或许是因我不孝、不肖、不养母、不顾家，存两弟对我印象不好，故不信任我，对我前途表示怀疑，持家难靠，通信难收好效果，进则逐次对我日渐生疏，发展到失望，因而鄙视我，不理我，或者老母对我之不孝的罪恶不能容忍与原谅，遂家庭与我的关系断绝，另一原因或许是老母与两弟因怀疑我通信地址有变动，故未写信等。根据上述两个原因的分析，使我这样考虑着：母亲之爱子，会使我感到意外的安全，系老母慈悲及求神拜佛所造成的洪福所赐给予我为证，两弟的爱我也是很热情，敏弟南昌之相会，愿弟信中的一言一词均表现兄弟虽离较久，而手足之情则滴滴存在。相信上述的原因是我神经错乱的想法，绝不会如此的，即许万一如此，我仍坚持我一贯的意志向前奋斗到最后的一滴血，做出事业的实例与证据取得两弟对我的信任，今天再多说是无用的，到那时孝与不孝当一目了然。

知道老母的肺病很重，我很焦急，穷人得此病更成问题，因为缺营养，每天为自己的生活和我们兄弟三人着急，我在欲回不能之际，难于安心，加之我所处境也为穷困，因为我不是军阀，更不是贪官，乃是一个前途远大的革命者，决心牺牲自己的一切，也不顾老母的穷困，而为人类幸福与解放向前奋斗，所以名义上是好听，位置一般也比较高，多数的人也比较知道我，可是每月的钱也只有四块钱，只能供鞋、袜，洗衣及洗面用具尚欠不足，同时由于我穷得硬，保持周门的光荣，为祖先争光，故素来不向人借一个钱，要一种东西，例如这次龙先生飞虎来前方回去，他要带些东西慰母，不料即被我信中批评，说你也是穷光蛋，以东西赠给我母，如何使我能接受……

最后，周子昆还在信中告诉弟弟，为了家人的安全，周子昆的名字要绝对保密，也不要让其他亲朋知道。他在信中还说，西安一别，很是想念，如想到皖南来看看他也是可以的，可用周子昆的名字先到桂林北门外八路军驻桂林办事处找李克农处长或龙飞虎副官挂号联系，等那里何时有向新四军运物资的军车时，可搭乘辗转前来。但是，由于当时战火连绵，交通不便，从广西辗转到皖南，路途遥远，实属不易。因此，他没能及时收到家中回信，他的弟弟也未能有机会来皖南看望他。

这是周子昆生前写给家中的一封信，深切表达了他此时的心情。周子昆离家多年，心中时时记挂着母亲，记挂着弟妹们。在中央苏区时，他无法与家人联系，到陕北后，写了好几封信，说自己在这边做生意，希望能联系上，却不见一个字的回信。到云岭，生活比较稳定了，托八路军驻桂林办事处同志帮他寻找亲人，经过多方周折，总算在观音洞里找到了。原来大边隅巷父亲留下来的那两间房子，已被日本飞机炸毁，妹妹也因病死去。母亲和弟弟们住进观音洞，母亲年老多病，还得替人洗衣、缝补来维持生活。但周子昆却不能回去尽一点孝道。他和妻子何子友东拼西凑，从两个人的津贴和孩子的保育费中勉强凑了20 块光洋，托桂林八路军办事处转送到贫病交加的老母亲手中。

参与指挥皖南反“扫荡”

皖南成为华中抗战的中心之后，也就自然成为日伪军进攻的重点。繁昌是皖南的门户，是当时新四军军部及其后方基地的屏障，地理位置十分重要。日伪军如从芜湖出动，繁昌就会正面受敌，进而就会威胁到新四军军部所在地云岭，因而敌我双方都很重视对这个战略要地的争夺。

从 1938 年 12 月 26 日 到 1939 年 12 月 21 日，新四军第 3 支队以繁昌为中心，先后进行了 6 次繁昌保卫战。特别是在 1939 年 12月 21 日至 23 日进行的第 6 次争夺繁昌作战中，日军出动步、骑、炮兵 2000 余人，分 5 路攻入繁昌城，并控制繁昌城外围的东峨山头。当时因军长叶挺在重庆、参谋长张云逸在江北指挥部，第 6 次繁昌保卫战的重任就落在了副军长项英和副参谋长周子昆的身上。在战斗最激烈的时刻，周子昆深入第 3 支队阵地前沿，与第 3 支队领导一起，根据敌我态势制定了一套科学的作战方案: 23 日黎明时分派部分兵力佯攻袭扰，然后让主力部队进行强攻，同时夺取东峨山头，控制城厢，切断外援。在新四军强大攻势下，繁昌城内的日军孤立无援，无力抵抗，被迫弃城向马家坝方向仓皇撤逃。第 3 支队乘胜追击，并收复繁昌城。此战共毙伤日军 400 余人、伪军千余人，迫使日军不敢再轻易进攻繁昌，巩固了皖南抗日根据地。

1940 年 4 月中旬，日军为了巩固和扩大其皖南占领区，维护长江航行的安全，企图夺取南陵、繁昌、泾县等地，进而掠夺皖南资源，调集第15、第17、第116师团各一部及伪军共1万余人，对南陵、繁昌等地进行大“扫荡”。驻皖南的国民党军消极抗日，全线撤退，使皖南新四军不得不独立迎战进犯的日伪军。此时，叶挺军长为解决新编第5、第6支队经费和装备等问题，再赴重庆与国民党当局谈判，参谋长张云逸在江北指挥部。在此情况下，周子昆协助项英直接指挥进行皖南春季反“扫荡”作战。

4月24日，日军一路约5000人由湾沚、黄墓渡攻占南陵，沿青（阳）南（陵）公路向西南方向前进，企图迂回青阳。项英和周子昆指挥部队利用繁昌一带起伏的地形，运用以游击战为主的战法，在父子岭一带伏击该敌，经8小时激战，毙伤日军370余人。同一天，日军另一路4000余人由繁昌以北的三山镇、横山、峨桥等地向繁昌以南地区攻击前进。周子昆率第5团在马家坝和繁昌以南的九郎庙以机动防御，迟滞敌人前进，同时令第3团在何家湾等地占领有利地形阻击敌人，经 9 小时激战，毙敌 300 余人，迫敌停止该方向的进攻。5 月 3 日，周子昆率第 5 团在铁门闩伏击日军运输队，毙伤日军 60 余人；当日晚又指挥部队夜袭日军的指挥机关，迫使敌人连夜仓皇撤退，使敌原定夺占南陵、繁昌、泾县等地的企图化为泡影。

10 月初，日军以第 15、第 116 师团各一部为基干，加伪军一部共万余人，由南陵、繁昌、大通、铜陵等地出发，进行秋季大“扫荡”。敌人在空军的掩护下向云岭方向推进，企图先围歼新四军军部，再进犯泾县城。新四军军部召开紧急会议，研究布置反“扫荡”。周子昆向与会人员报告了敌情，建议教导总队也参加作战。叶挺分析认为，此次敌军是沿公路推进，队形密集，我军应在日军前进的道路上预设纵深阵地，层层堵截，大量杀伤敌人，迟滞敌人，同时伺机反攻，先消耗疲劳之敌。根据会议分工：叶挺带第 1 团，周子昆带教导总队，兵分两路，互相策应，采取游击战术，用破坏道路、埋设地雷、夜袭敌营等方法，使日军一路进军缓慢，6 天 6 夜只前进了

10多公里。

10月7日，日军从戴家会和三里店两个集结地，兵分两路继续向新四军军部云岭大举进犯。叶挺率第1团，阻击戴家会、汀潭方向之敌；周子昆率教导总队阻击三里店、汀潭方向之敌。

汀潭路段是日军夺占云岭的必经之地，路西是河水，水流湍急；路东是山林，连绵起伏。敌人100多名骑兵先锋从三里店方向来到汀潭，途中看到许多被砍伐的树木布满路面，便下马清理路障，这时，埋伏在附近山上新四军的9挺轻重机枪一齐开火，走在前面的日军骑兵大队长铃木大佐当即被击毙。日军骑兵抱头鼠窜，被打得晕头转向。

这时，日军来时的路也被地方武装砍伐的树木拦住，使骑兵走投无路，无处可逃，激战1小时，除少数仓皇逃走外，日军骑兵大队大部被歼。但日军不甘心失败，随后调动飞机、大炮对新四军的阵地进行狂轰滥炸，周子昆所在的前线指挥所被炸弹击中，炸起的泥土把指挥所压塌了，掩埋了他半截身子，脸部也被划了一道伤口，鲜血

直流，染红了他的衣领和脸颊。警卫员把他拉出来后，周子昆吐掉口中的泥巴，打掉身上的尘土，顾不上脸上的伤口，继续指挥部队作战。他知道敌机轰炸之后，必定会组织新的进攻，便命令指战员备好弹药，与敌人展开激烈战斗，在连续打退敌人多次冲击后，日军始终未能突破汀潭的阵地。

当夜，叶挺、周子昆集中兵力，将汀潭团团围住。日军见势不妙，几次试图冲出重围，都被打了回去。这时，泾县西北乡的老百姓听说新四军在汀潭围住了几千鬼子，都非常高兴，当即联合包合、茂林等地一万多群众，手执刀枪棍棒赶到汀潭，帮助新四军包围鬼子，给部队送饭送水运弹药。云岭一带的农民自卫队，也赶来参加战斗。围在汀潭的日军支撑不住，除一部被歼外，其余拼命突围，逃向泾县县城。驻守泾县的国民党军第 52 师见日军来了，吓得不敢抵抗，弃城而去，日军得以顺利入城。叶挺指挥第 1 团尾追到泾县城下，日军见外援被切断孤城难守，次日便仓皇弃城逃跑。新四军在皖南秋季反“扫荡”中，取得歼敌2900余人的重大胜利。

这次秋季反“扫荡”的胜利，给日军以沉重打击，粉碎了日军破坏秋收并企图围歼新四军军部的计划。10月13日，叶挺亲自执笔写作战报告，和项英两人签名电报蒋介石，电文如下：

蒋委员长钧鉴：

日寇自上月进攻苏皖边境惨败后，复自京沪增兵皖南，本月2日开始，以步骑炮5000余人，配合空军向我进攻，其一部1000余人，由戴家会犯汀潭，主力由南陵犯三里店。职军当即分别迎击截伏，激战于龙洋岗、凤凰山、台山、大小岭及巨坑等八昼夜。反复肉搏，纠缠苦斗，战况之烈，前所未有，至7日晚首先将龙洋岗、凤凰山一线之敌击溃，8日晨复将大岭、蜈蚣山之敌全线击溃，敌退据泾县，我跟踪彻夜猛攻，同日并克南陵，此役毙敌1000余，俘虏敌军中并有西班牙人一人……

周子昆也迅速把此战胜利的消息电告延安。

延安《新中华报》就泾县之战发表了社论《庆祝江南反“扫荡”的伟大胜利》，指出：这次胜利在全国人民面前证明了八路军、新四军都是敌后抗战的主力，他们英勇奋战，取得了伟大的显著的成绩。

在皖南事变中

新四军奉命挺进华中敌后，在大江南北敌后地区开展抗日游击战争，沉重打击了日伪军，有力地配合了正面战场的作战。但国民党顽固派对中国共产党领导的这支人民武装的迅速发展、敌后抗日根据地的迅速扩大，十分恐慌，甚为痛恨，由开始限制发展到后来蓄谋消灭，多次制造摩擦和矛盾，并多次勒令驻皖南的新四军军部和新四军部队离开皖南，撤往长江以北地区。

就在皖南秋季反“扫荡”大捷后几天，10月19日，国民党政府以参谋总长何应钦、副参谋总长白崇禧的名义，致电八路军总司令朱德、副总司令彭德怀和新四军军长叶挺，诬蔑坚持华中抗战的新四军和八路军“破坏团结，破坏抗战”，强令在大江南北的八路军、新四军在一个月内撤到黄河以北地区。与此同时，蒋介石密令韩德勤、顾祝同等部作好进攻新四军的准备，从而掀起了第二次反共高潮。中共中央考虑到国共统一，团结抗战的大局，最后决定新四军撤离皖南。

11月3日，毛泽东、朱德、王稼祥致电叶挺、项英：“对皖南方面，决定让步，答应北移。有何意见，盼立复。”接电后，叶、项主持中共东南局和军分会立即开会讨论，会后向毛泽东并周恩来报告说，经过讨论，同意毛泽东对时局的意见与总方针，“我们同意放弃皖南，使我们力量集中，指挥统一，以免陷于过去各苏区分散之教训”。

1940年12月，根据中共中央的指示，新四军开始作撤离皖南的准备工作，将军部机关和直属单位、家属子女等非战斗人员，先后分四批由云岭陆续通过多种途径转赴苏北。在军机关非战斗人员离开云岭时，周子昆先后几次到集合地点为他们送行。当看到妻子何子友带着刚满2周岁的女儿，还拖着孕身，便反复叮嘱说："当前形势复杂，你除保护好自己和孩子外，还要组织群众，担子不轻啦。"何子友望着丈夫，默默点头，然后宽慰一笑说："你就放心吧，你自己也要多保重，我在江北等你！"何子友哪里会想到这竟然是她和周子昆的最后一别。

1941年1月4日，新四军机关报《抗敌报》发表了《临别之言》的社论和由叶挺、项英、袁国平、周子昆联合署名的《新四军为离开皖南进军敌后告皖南同胞书》，概述了新四军挺进敌后3年英勇奋战取得光辉胜利，是坚持抗战、反对投降，坚持团结、反对倒退的宣言！也是顾全大局、遵命北移、委曲求全的郑重通告！它表明新四军军部和皖南部队撤离皖南是正大光明之举！

4日晚，叶挺、项英率领新四军军部和皖南部队共9000余人，分3路纵队冒着蒙蒙细雨，顶着凛冽的寒风，踏上了奉命东进北移的征途。在夜幕中，叶挺、项英、袁国平、周子昆和到职不久的中共东南局副书记饶漱石等一起，随军机关队伍的行列前进。

此时，蓄谋已久的国民党军，已经调集8万余人，在新四军北移的途中布下口袋阵，层层设防，企图将皖南新四军围歼在皖南。1月6日拂晓，先头部队在行进途中遭到国民党军第40师、第52师的拦击，新四军第1、第2、第3纵队边打边前进，虽消灭了一些阻拦的国民党军，但未能按时到达榔桥、星潭地区会合。其中第2纵队在抵近星潭，被国民党军第40师埋伏在星潭后山及在山口两侧的火力，封锁在一片开阔地无法前进，先头部队几次猛攻，战至中午均未奏效，并造成很大伤亡。紧随第2纵队行动的军部也被堵在后面，由于道路两侧是高山峡谷，战至7日上午，军部也无法前行。为此，叶挺和周子昆中午时分赶到前沿察看地形，分析敌情。

当天下午，军部在百户庄开会研究行动方案，研究突围方向。叶挺主张继续猛攻，不惜牺牲，动用总预备队从星潭打过去。项英不同意这个方案说："我们部队历来不打硬仗，要在运动中消灭敌人，硬打部队伤亡太大，恐怕不行……"由于会议的争论比较大，拖的时间长了一些。到了晚上10点多时，项英最终决定不打星潭，连夜回撤到丕岭以西，另寻突破口，改向第3纵队所在的高岭方向进发。但在向高岭进发的途中，又收到第3纵队司令员张正坤的报告，得知国民党军第79师已经进至高岭，目前正在激战中。为此，军部不得已又折回，准备经高坦向茂林方向突围。

鉴于部队的行动由原来向南改为向北，原来行进的后卫是教导总队，此刻变成前卫，前面没有战斗部队，周子昆急忙把新3团调到前面去。因为山区道路狭窄，后面部队要超越前面部队就很困难，周子昆便把他的战马留给参谋叶超，代他指挥沿途的机关、部队靠一边让路，便于战斗部队迅速通过，赶到前面去执行战斗任务。于是，新3团的部队改为前卫，得以迅速前进占领高坦。

当叶挺和项英率新四军军部机关的队伍，冒着大雨到达高坦时，已经是1月9日凌晨2时许。此时，部队极度疲劳，叶挺下令部队休整，随行人员便把叶挺和东南局副书记饶漱石等机关部分人员安排在高坦村北头徐家祠堂休息；项英、周子昆和政治部主任袁国平等人以及军部机关的大多数人员就在路边的树林中就地露营。

这时，在前面负责调度部队行进的参谋叶超，走到路边见到项英、周子昆和袁国平，汇报了当时部队调度情况，询问下一步的行军部署，周子昆见项英不语，便让叶超去请示军长叶挺作决定。叶超急忙赶到数百米外的徐家祠堂，向叶挺简要汇报情况后，说其他首长请他过去研究下一步的行动方案。叶挺听后说："现在还有什么好研究的，只有坚决打出去！"叶超见叶军长不高兴也不敢再讲下去。过了一会儿，茂林方向突然枪声不断，叶超以"出去查一下情况"为由，向叶挺敬礼告辞离开徐家祠堂，可是他再到项英、袁国平、周子昆原来站立的地方时，却发现人都不见了，便又急忙返回到徐家祠堂，将项英、袁国平和周子昆不见了的消息向叶挺作了报告。

叶挺得知项、袁、周不见了，便找来中共中央东南局副书记饶漱石联名向中共中央和中原局报告："项英、国平、子昆于今晨率小部武装不告而去，行向不明。"

原来，项英、袁国平、周子昆等军长叶挺一起开会期间，他们在路旁久等叶超也迟迟不见回来，这时听到茂林方向枪声不断，感到形势危急，加之在寒雨之中，浑身湿透冻得难以承受，便带着身边的十余人，向北面的山坡上转移。他们在山上转来转去，在风雨中发现一间烧炭人修建的茅草屋，警卫员走进去一看没人，就带首长进去生火烤衣服。他们边烧火，边商量如何突围及突围路线，不知不觉中疲劳不堪的他们靠在火堆旁便睡着了，一觉醒来已是 10 日清晨。这时山下传来一阵号声，懂得号谱的周子昆便对项英说："这是调军部特务团 1 营 1 连的。"这样，他们 10 多人循着号音找到特务团，随后跟着队伍来到石井坑。

项英和周子昆、袁国平等人到石井坑同叶挺、饶漱石见面后，得知叶、饶已将项、周、袁等人出走失踪的情况报告中央，项英等人后悔莫及，便立即向中央发报解释离队的缘由和经过。随后在当日 14 时，项英又与叶挺联名电报中共中央："我全军被围于泾县茂林以南，准备固守，可支持一星期。请党中央及恩来名义，速向蒋、顾交涉，以不惜全面破裂威胁，要顾撤围，或可挽救。上下一致，坚决打到最后一人一枪，我等不足惜。一周后如无转机，则将全部覆没。盼立示。”

1月12日，中共中央回电：“一切军事、政治行动均由叶军长、饶漱石二人负总责，一切行动决心由叶军长下。项英同志随军行动北上。”从这时起，项英便不再参与新四军后续行动的决策了。

当天，尾追之敌向石井坑发起进攻，尽管第5团、特务团指战员打得英勇顽强，终因寡不敌众，弹尽粮绝，石井坑失守。12日下午，叶挺向延安发电，决定率部分两路突围：叶挺、饶漱石为一路；项英、袁国平、周子昆为另一路。

在叶挺宣布分路突围以后，项英、周子昆、袁国平三人带着一路人马率先从石井坑出发，准备向大康方向突围。13日晨，当他们来到大康北部西坑的山谷时，遭遇国民党军的设伏，由于这里山高林密，杂草丛生，地形复杂，在激战中各自被打散。政治部主任袁国平在激战中身负重伤，被战友们抬在担架上，为了不牵连更多的战友为他牺牲，他在担架上拔出手枪自杀牺牲；周子昆凭借丰富的作战经验，认为国民党军在北面大康王等地必然封锁甚严，难以突围，决定向南转到国民党军合围圈外暂时隐蔽。于是，他带着警卫员黄诚等人由西坑向南的螺丝坑方向转移。

叶挺率另一路也在 12 日晚向外突围。13 日晨，突围部队在途中又被国民党军包围，激战一天一夜。在 14 日晚进行最后的突围，大部壮烈牺牲或被俘。叶挺在与敌军队谈判时被扣。到此为止，皖南事变大规模战斗才告结束。

此时，奉命北移的新四军军部和皖南部队，经过 8 昼夜的激烈战斗，出发时的 9000 余名官兵，除 2000 余名前后分别突围，陆续到达苏中、皖中、苏北外，其余 6000 余名均壮烈牺牲，或失散、被俘，在我党我军的革命史上写下了极为悲壮的一页。

皖南事变是国民党当局有计划地布置陷阱、消灭异己、残杀新四军抗日将士的一大阴谋，但他们却恶人先告状，诬蔑新四军为“叛军”，宣布撤销新四军的番号，声称要将叶挺“交军法审判”。中共中央为坚持团结抗战、反对分裂投降，除指示八路军、新四军随时准备在军事上进行坚决自卫外，在政治上展开了猛烈反击。1月18日，中共中央发言人发表谈话，揭露国民党当局制造皖南事变、摧残抗日力量的真相。周恩来在《新华日报》上发表了“千古奇冤，江南一叶；同室操戈，相煎何急”的诗句和“为江南死国难者志哀”的题词，揭露和抗议国民党反共顽固派的罪行。1月20日，中共中央军委发布命令，重建新四军军部，任命陈毅为国民革命军新编第四军代理军长，刘少奇为政治委员，赖传珠为参谋长，邓子恢为政治部主任。

惨遭叛徒毒手

1941年1月16日，周子昆带着黄诚等人在转移途中，意外遇到项英带着几个警卫员和军部副官处的副官刘厚总。当晚，项英和周子昆通过地方党组织安排，在一个叫濂坑的小村子隐蔽起来。此时，军部突围先期过来的作战参谋李志高、侦察参谋谢忠良、军务参谋刘奎、副官处处长杨汉林和第 5 团 2 营营长陈仁洪、副营长马长炎等人听说项英、周子昆两位首长来到濂坑，便集中了在当地的失散人员达 70 余名，很快与项英、周子昆取得了联系。

在此期间，刘厚总主动要求留在项英身边做他的警卫。项英此前对刘厚总并不熟悉，开始有些犹豫，但看到刘厚总个头高，力气大，枪法准，还是参加过南方三年游击战争的老战士，便答应将他留在身边。但周子昆知道刘厚总在副官处的表现不怎么样，对他拈花惹草的毛病也略知一二，因是项英同意留在身边，他也就不便说什么了。

为了避免久住一处会被敌人发现，2 月底，项英、周子昆在地下党员姜其贵的推荐下，率领收拢的 70 余人离开濂坑转移到赤坑山。赤坑山地处泾县与旌德县的交界处，这里山势绵亘峻峭、森林茂密，地理条件和群众条件都很好。靠近山顶西侧有个山洞叫蜜蜂洞，可住三四个人，蜜蜂洞下六七十米处有一处悬崖，能搭棚住人，还可居高临下观察山下敌情。对于这个新选的隐蔽地点，项英、周子昆都很满意，决定搬到那里再隐蔽一段时间。为了保障安全，便于活动，他们采取了分散隐蔽的方法：项英、周子昆、黄诚、刘厚总 4 人住在蜜蜂洞里；谢忠良、夏冬青等 10 多人住在靠悬崖搭的棚子里负责警卫观察；刘奎等人住在石牛窝村负责与群众联系；杨汉林、李元等 30 多人在铜山、水岭一带活动负责筹集给养；陈仁洪、马长炎等 20 多名伤病员在纸棚村后面的金毛山隐蔽养伤。

在蜜蜂洞隐蔽期间，项英和周子昆通过中共地下党组织，在 3 月上旬先后与中共泾县县委和中共皖南特委取得联系，他们感到皖南的地形、群众条件都很好，具备开展武装斗争的条件，准备在向江北突围前，给皖南特委留下部分人员作为组织游击武装的骨干。

3 月 13 日，项英安排刘奎带着郑德胜、张益平、何继生去水岭李志高那里挑粮食，顺便再买点油、盐回来；安排李德和去找中共泾县县委书记洪林，同皖南特委负责人联系配合突围的事。

这天晚上，项英的心情比往日轻松，因为同中共皖南特委已取得联系，突围去江北指日可待。到晚上 10 点多，项英和周子昆还在交谈，刘厚总也坐在项英身边，一边听一边擦拭手枪。见已经很晚了，黄诚便提醒说："天很晚了，首长睡觉吧！"周子昆回答说："你先睡吧，我们一会儿就睡。"过了一会儿，项英、周子昆、刘厚总也都睡下了。

但让人万万没有想到的是，此时一个卑鄙的灵魂却正在实施一个罪恶的阴谋。3 月 14 日清晨时，突然雷声大作并下起大雨来。罪恶的刘厚总以雨声、雷声、风声作掩护，悄悄爬起来，掏出驳壳枪照着项英、周子昆的头部和胸口各放两枪，二人当场就牺牲了。睡得正熟的黄诚被枪声惊醒，便抬手去摸枪，刘厚总又朝他连开三枪，分别打在他的右臂和脖子上，也立刻昏死过去。刘厚总这个罪大恶极的叛徒，看到项英、周子昆、黄诚都死了，便将项英、周子昆身上携带的黄金、钞票都搜出来，又摸走了项英和黄诚的手枪，便匆匆下山逃走了。

当天早上，按照惯例去蜜蜂洞看望首长的夏冬青，到洞里一看现场便呆住了，随即赶紧跑到下面悲痛地对谢忠良等人说："不好了！项、周首长被打死了！"随后大家便一起往上面的洞里跑。

在此期间，从石牛窝起早运粮的刘奎、郑德胜、张益平、何继生在途中看到刘厚总，一见面他就慌慌张张地说是项英让他下山找地下党，他们当时也有点怀疑，但谁也没想到这是个杀害首长的叛徒。当他们闻讯赶到蜜蜂洞看到项英、周子昆两位首长已经遇害，感到万分悔恨。

谢忠良当即同大家作了研究，判定刘厚总杀害项、周首长后会很快投敌并把敌人引来，便对大家说："我们先把项、周两位首长的遗体埋葬好，作上记号，等到革命胜利后，我们再来这里把遗体取出重新安葬。请大家记住，项副军长穿的是布鞋，容易腐烂，周副参谋长穿的是皮鞋，三五年不会烂，以后我们来取时要注意这个区别。"于是，大家在离蜜蜂洞 100 多米处的石崖下面，用原来向老百姓借来平整洞里地面的锄头扒开碎石，挖了两个坑，怀着悲痛的心情，将项英、周子昆的遗体用仅有的两条毯子包裹着，分别放在坑里埋葬。为了区别，将项英的遗体埋在稍上一点的坑里，头朝东；将周子昆的遗体埋在稍下一点的坑里，头朝西。谢忠良提醒在场的同志，要牢记这个地方和项、周遗体埋葬的区别。

当天黄昏，谢忠良将黄诚安排在石牛窝地下党员姜其贵家里养伤后，便率领大家离开赤坑山，向铜山转移，去同陈仁洪、马长炎、李志高、罗湘涛、杨汉林、李元等会合。随后，这些失散人员在中共地下党组织的配合下，经铜陵、繁昌秘密突围，去了江北。

06 尾声

1952年6月，江西省新余县公安局在人口户籍普查时发现一个形迹可疑、来历不明的人，经审讯得知这个人就是在皖南事变中杀害项英、周子昆的叛徒刘厚总。

原来，刘厚总在跟随项英、周子昆突围期间，发现他们的内衣中夹藏有黄金和法币后，心中就有了“谋财害命”的预谋。在1941年3月14日的那个风雨雷鸣的清晨，他终于露出了罪恶的面目，举枪杀害了项英、周子昆，得到了黄金9两，法币3万余元，然后直奔国民党在县城的党部投案自首。

当刘厚总说是他杀死了项英、周子昆时，国民党县党部里却没人相信他的话。于是，刘厚总又被以新四军的嫌疑犯移送到皖南行政公署监狱等处关押起来，再后来国民党见他也没有什么用处，就发给他一笔钱把他释放了。刘厚总见国民党不要他，共产党也在抓他，就隐姓埋名，到处流窜，苟且偷生，但最终也难逃法网。时任华东局书记、上海市市长陈毅获悉杀害项英、周子昆的叛徒落网后，立即指示江西省公安政法部门尽快结案。1952 年 8 月，刘厚总这个罪大恶极的叛徒在南昌被执行死刑。

在此期间，项英、袁国平、周子昆的家人也向组织提出要求，希望寻找烈士遗骸，正式予以安葬。曾参加掩埋烈士遗体的原新四军军部参谋、时任皖南军区副参谋长的刘奎正在南京军事学院学习，也向组织反映了掩埋烈士遗体的情况，主动请求带路参加寻找烈士遗体的工作。此事也得到 3 位烈士的老战友、时任华东军区司令员陈毅和南京军事学院院长兼政治委员刘伯承的大力支持。于是，寻找三位烈士遗骸一事，在 1952 年 7 月 23 日由华东军区（后为南京军区）上报中央军委总政治部并于当月 29 日得到批复。

1952 年 8 月 14 日，刘奎带着项英、袁国平、周子昆的家人代表和当时了解情况的有关人员，专程去皖南泾县项英、周子昆遇害地点蜜蜂洞和袁国平牺牲地点找寻3位烈士的遗骸。在当地人民政府和群众协助下，很快在蜜蜂洞附近，找到项英、周子昆的遗骸。袁国平的遗骸，也在当时掩埋的地点找到。三位烈士的遗骸分别包装后，于8月26日运到南京。

1955年6月19日下午，南京军区在南京雨花台烈士陵园以南的“三烈士墓园”举行公祭安葬仪式。南京军区领导人和机关干部代表，江苏省、南京市党政机关领导人和机关干部代表，驻南京军事院校代表共数百人，同烈士遗属一起参加了庄严、隆重的安葬仪式。

2014年9月1日，民政部经中共中央、国务院批准，公布了“第一批在抗日战争中顽强奋战、为国捐躯的300名著名抗日英烈和英雄群体名录”，周子昆名列其中。2018年12月22日，《人民日报》“民族英雄烈士谱”专栏刊载《周子昆：戎马一生，忠于革命》一文，追忆表彰了周子昆的革命一生，与人民军队的建立和发展以及中国人民的解放事业紧紧联系在一起，把自己的一生无私无畏地献给了中国人民的解放事业，他的革命功绩永远值得我们铭记。

后　记

20 多年前，笔者在参加编写《项英军事文选》和《中国人民解放军组织沿革》课题的研究中，曾接触过有关周子昆烈士的点滴史料。但对周子昆烈士的深入研究则是在 2022 年年底，笔者应军事科学院解放军党史军史研究中心约稿，参加“中华先烈人物故事汇”《周子昆》传记撰写工作开始的。

周子昆早年参加的“大元帅府铁甲车队”和“叶挺独立团”，是中国共产党直接掌握的第一支革命武装的重要一员，也是我军先驱的代表人物之一。2018 年 12 月 22 日，《人民日报》“民族英雄烈士谱”专栏刊载了《周子昆：戎马一生，忠于革命》一文，追忆表彰了周子昆的革命一生，是与人民军队的建立和发展以及中国人民的解放事业紧紧联系在一起，他把自己的一生无私无畏地献给了中国人民的解放事业，高度概括了他为党为国奋斗终身的革命功绩。对此，笔者想要说的是，本书写的不是周子昆英雄传奇的全部历史，而是寻踪周子昆革命历史中的部分片段，若有错漏之处，望读者批评指正。

本书在执笔撰写的过程中，得到军事科学院军队政治工作研究院领导和机关的大力支持。也得到周子昆的后人周文、周民、周红等人的大力支持；“皖南三英烈”项英的孙子项阳、袁国平之子袁振威将军也为本书的撰写、采访做了很多通联工作，他们在电话中多次和我沟通交流，并帮我收集整理了一些史料；成稿之后，康月田、李博、岳思平、陈力等多位专家学者进行了审读，提出了宝贵的修改意见。

主要参考文献有:《中国人民解放军高级将领传》《中国工农红军第一方面军人物志》《皖南事变（资料选辑）》《项英军事文选》《新四军综述·大事记》《新四军事件人物录》《雨花台烈士传丛书：周子昆传》《中华先烈人物故事汇·叶

挺》《中华先烈人物故事汇·项英》《中华先烈人物故事汇·袁国平》等。

在此，谨向关心帮助本书写作的所有朋友和专家学者致以诚挚的谢意！

图书在版编目（CIP）数据

周子昆 / 军事科学院解放军党史军史研究中心编.
北京 ： 学习出版社, 2024. 6. -- (中华先烈人物故事汇)
. -- ISBN 978-7-5147-1372-5

Ⅰ. K827=6

中国国家版本馆 CIP 数据核字第 2025ZG4633 号

周子昆

ZHOU ZIKUN

军事科学院解放军党史军史研究中心

责任编辑：苏嘉靖　　封面绘画：刘书移
技术编辑：胡　啸　　内文插图：韩新维
美术编辑：杨　洪　　装帧设计：楠竹文化

出版发行：学习出版社
北京市东城区崇外大街11号新成文化大厦B座11层
（100062）
010-66063020　010-66061634　010-66061646
网　　址：http://www.xuexiph.cn
经　　销：新华书店
印　　刷：河北鹏润印刷有限公司

开　　本：787毫米×1092毫米　1/32
印　　张：5.75
字　　数：75千字
版次印次：2025年6月第1版　2025年6月第1次印刷

书　　号：ISBN 978-7-5147-1372-5
定　　价：25.00元